Toutes les
Via ferrata
de France

**Alpes • Pyrénées • Massif central • Corse
Doubs • Jura • Bugey • Ardèche • Aveyron**...

Jocelyn Chavy

LIBRIS

Découvrez les ouvrages Libris sur www.libris.fr

6e édition mise à jour et augmentée

© 2007, Libris
Toute reproduction ou adaptation sous quelque forme que ce soit,
même partielle interdite pour tous pays.
Dépôt légal : juin 2007. ISBN 978.2.84799.147.6
Achevé d'imprimer en juin 2007

Collection dirigée par Jean-Paul Rousselet, Libris
Maquette : Libris
Mise en pages : Libris
Dessins des via, cartes et pictogrammes : Sophie Simon
Illustrations : Petzl (rabat de couverture, pp. 14, 15, 16 et 17 haut et milieu) ; Jean-Marc Lamory (p. 17 milieu gauche) ; Jean-Marc Boudou (p. 17 bas)
Toutes les photos sont de Jocelyn Chavy, sauf p. 13 Petzl (casque, baudrier et longe en Y Sorpio Vertigo), p. 13 Simond (aérofrein)
Imprimé en France

Toutes les via ferrata...

L'impression tout d'abord de retomber en enfance. Quand le moindre arbre ou muret est prétexte à la découverte, à la grimpe. La via ferrata, c'est un peu cela, un jeu pour petits et grands enfants attirés par les sentiers du vertige. Apparue en France au début des années 1990, la via ferrata permet de gravir des falaises plus ou moins hautes et sécurisées, sans avoir recours aux techniques de l'escalade. Aujourd'hui, pas moins d'une centaine d'itinéraires en tout genre sont proposés aux amateurs du vide, les « ferratistes ». La via ferrata est aussi descendue des montagnes, à la rencontre de ses pratiquants citadins. Certaines via sont à deux pas des centres-ville, tandis que d'autres naissent dans des départements peu orientés vers le monde de la montagne, tels que la Loire et l'Aveyron. Les via ferrata, devenues plus ludiques à grand renfort de passerelles et autres « ponts de singe », sont autant la source de sensations fortes – à la portée du plus grand nombre – qu'un moteur touristique dans des régions où le tourisme a bien souvent un rôle prépondérant dans l'économie locale.

Pour cette sixième édition, ce guide a été revu et augmenté, recensant l'ensemble des via ferrata de France.

Il y en a pour tous les goûts, du Doubs à la Corse, des Alpes-Maritimes à Andorre (seule exception au territoire national).

Un prétexte à toutes les découvertes : tenter l'aventure du vide, dévoiler le monde vertical à des plus petits ou des moins expérimentés que soi, profiter de la nature et de ses merveilles, du cause Noir au massif du Mont-Blanc en passant par Gavarnie...

Sans oublier le plus important en via ferrata : se faire plaisir.

Sommaire

Toutes les via ferrata...   3
Carte des via ferrata de France   6
Le monde vertical pour tous
et pour tous les goûts   8
Le milieu   10
Cotations   11
Le matériel   13
Progresser en sécurité   14
Comment lire ce guide ?   18

LES VIA FERRATA DES ALPES FRANÇAISES

Haute-Savoie   21
1 • Les Saix de Miolène   22
2 • Le Saix du Tour   23
3 • La via du Mont   24
4 • Les balcons de la mer de Glace   25
5 • Via ferrata Yves Pollet-Villard   26
6 • Via ferrata de la tour de Jalouvre   27
7 • Via ferrata de la Roche à l'Agathe   28
8 • Via ferrata Jacques Revacliez   29

Savoie   38
9/10 • Pas de l'Ours
et Golet de la Trouye   39
11 • Roc du Vent   40
12 • Roc de Tovière   41
13 • Les Plates de la Daille   42
14 • Les Bettières   43
15/16 • Plan-du-Bouc   44
17 • Les Grosses Pierres   45
18 • Lac de la Rosière   46
19 • Croix des Verdons   47
20 • Cascade de la Fraîche   48
21 • Via ferrata du Pichet   Ⓝ   49
22 à 28 • Les via du Diable   Ⓝ   50
29/30 • Les via d'Andagne   54
31 • Via ferrata de Poingt Ravier   55
32/33 • Rocher Saint-Pierre   56
34/35 • Les via ferrata de l'Adret   58
36 • Via ferrata du Télégraphe   59

37 • Via ferrata de Comborsière   60
38 • Rocher Capaillan   61
39 • Via ferrata de la Chal   62
40/41 • Les via Jules Carret   63
42 • Via ferrata école de Rossane   64
43 • Roche Veyrand   65

Isère   66
44/45 • Les Prises de la Bastille   67
46/47 Les vias de la Cascade de l'Oule :
la Vire des Lavandières, le Grand Dièdre
et nouveau tronçon   68
48/49 • Les via ferrata de Chamrousse   70
50 • Via de la Cascade   72
51/52 • La Découverte et la Sportive   73
53 • Via ferrata des Perrons   74
54 • Via ferrata de Saint-Christophe   75
55 • Les via ferrata du lac du Sautet   76

Hautes-Alpes   83
56 • Mines du Grand Clot   84
57 • Arsine   85
58 • Aiguillette du Lauzet   86
59 • Rocher de l'Yret   87
60 • Rocher du Bez   88
61/62 • Rocher Blanc   89
63 • Croix de Toulouse   90
64 • Degli Alpini   91
65/66 • Vigneaux   92
67 • Gorges de la Durance   Ⓝ   93
68 • Tournoux   94
69 • Torrent de la Combe   95
70 • L'Horloge   96
71 • La Grande Falaise   97
72 • Pra Premier   98
73 • Crêtes de Combe-la-Roche   99
74 • Château-Queyras   100
75/76 • Les Orres   101
77/78 • Défilé des Étroits   102
79 • Gorges d'Agnielles   103

Sommaire

Drôme   105
80 • La Berche   106
81 • Chironne   107
82 • Le Claps   108
83 • Le Pas de l'Échelle   109

Alpes-de-Haute-Provence   110
84 • La Grande Fistoire   111

Alpes-Maritimes   112
85 • Canyons de Lantosque   113
86 • La Traditionnelle   114
87 • Baus de la Frema   116
88 • Comtes Lascaris   117
89 • La Ciappea   118
90 • L'Escale   119
91 • Les Demoiselles du Castagnet   120
92 • Via ferrata Balma Negra (N)   120

AUTRES VIA FERRATA FRANÇAISES ET D'ANDORRE

Allier
93 • Gorges du Haut-Cher   128

Loire
94 • Via ferrata de Planfoy (N)   129

Haute-Loire
95 • Via du Puy des Juscles   130

Cantal
96 • Via du Lac des Graves   131

Ardèche
97 • Pont du diable   132

Jura
98 • Roche du Dade   133

Ain
99 • Via ferrata de la Guinguette   134
100 • Fort l'Écluse   135

Doubs
101 • Via de la Roche du Mont   136
102 • Les via du Verneau   137

Aveyron
103 • Les via ferrata du bois des Baltuergues   138
104/105 • Les via ferrata du Boffi   139

Pyrénées-Atlantiques
106 • Via ferrata de Siala   140

Hautes-Pyrénées
107 • Via ferrata du pont Napoléon   141

Pyrénées-Orientales
108 • Via ferrata des Escardilles   142

Ariège
109 • Via ferrata des Estagnous   143

Andorre
110 • Via Els Cortals d'Encamp   144
111 • Via du roc del Quer   145
112 • Via du pic Bony d'Envalira   146

Haute-Corse
113 • Via ferrata de Chisa   147

Classement par commune   149
Classement par difficulté   150
L'auteur   152

Avertissement !
Certaines vias décrites dans les précédentes éditions sont aujourd'hui interdites ou impraticables. C'est pourquoi elles ont été retirées de cet ouvrage.

(N) Nouvelle via • Nouveau tronçon

Toutes les via ferrata de France

Brest

Vilaine

Loire

Loire

Cher

Indre

Creuse

Vienne

Charente

Dordogne

Garonne

Midouze

Pyrénées-Atlantiques
106

Pau ●

Tarbes ●

Ariège
109

Garonne

Foi●

Hautes-Pyrénées
107

Andorre
110 à 112

PARIS

Doubs
101 à 102

Besançon

Jura
98

Lons-le-Saunier

Allier
93

Bourg-en-Bresse

Lac Léman

Genève

Ain
99 à 100

Annecy

Haute-Savoie
1 à 8

Loire
94

Lyon

Chambéry

Savoie
9 à 43

St-Étienne

Cantal
96

Le Puy-en-Velay

Grenoble

Isère
44 à 55

Aurillac

Haute-Loire
95

Valence

Hautes-Alpes
56 à 79

Rodez

Ardèche
97

Gap

Alpes-Maritimes
85 à 92

Aveyron
103 à 105

Drôme
80 à 83

Digne

Nîmes

Avignon

Haute-Corse
113

Montpellier

Nice

Bastia

Alpes-de-Haute-Provence
84

Marseille

Toulon

Pyrénées-Orientales
108

Perpignan

Ajaccio

Seine · Oise · Marne · Aube · Yonne · Meuse · Moselle · Meurthe · Rhin · Saône · Ain · Rhône · Allier · Loire · Gard · Ardèche · Durance · Var · Verdon · Pô

Scarpe

7

Le monde vertical pour tous et pour tous les goûts

La via ferrata est un itinéraire sportif permettant de franchir une paroi rocheuse à l'aide d'équipements spécifiques : câbles et barreaux, mais aussi passerelles (et autres), qui servent pour la progression et pour l'assurage. La via ferrata est donc un itinéraire sécurisé en milieu vertical – ce qui ne veut pas dire exempt de tout danger –, que l'on parcourt avec un équipement de sécurité (auto-assurance) individuel et obligatoire, l'objectif étant de permettre la progression sans recourir aux techniques classiques de l'alpinisme et de l'escalade (pitons, mousquetons, etc.) grâce à l'équipement fixé à demeure.

Apparus au milieu du XIXe siècle en Autriche en haute montagne, les premiers aménagements de type via ferrata ont été véritablement réalisés par les soldats de la Première Guerre mondiale dans les Dolomites (Italie et Tyrol autrichien). Mais la première via ferrata aménagée dans un but touristique ne l'a été qu'en 1936 par le Club alpin italien, dans les Dolomites, fief du ferratisme (140 via environ). En France, il a fallu attendre 1988 pour voir naître la première via ferrata moderne à Freissinières, dans les Hautes-Alpes. L'activité a ensuite essaimé principalement en Maurienne et dans le Briançonnais, avant de se répandre dans tous les massifs alpins, puis hors de ceux-ci : les dernières via ont été construites dans l'Ain, le Doubs et l'Aveyron. Aujourd'hui, c'est une activité touristique comme une autre, et nombre de personnes la découvrent en station chaque été, souvent encadrées par des guides de haute montagne ou des moniteurs brevetés d'État d'escalade. Au point que l'on voit jusqu'à 15 000 personnes fréquenter certains « best-sellers » chaque été.

L'activité via ferrata a bien évolué depuis les itinéraires historiques dans les Dolomites. De l'ascension d'un sommet, on est passé à la recherche pure de sensations fortes, avec moult inventions (pont de singe, filet...) destinées à renforcer le côté ludique de l'activité. C'est la via sportive à la

La via ferrata du Daubenhorn :
1 000 m et la plus longue de Suisse…

française, avec ses barreaux plantés dans d'invraisemblables surplombs (Thônes, le Grand Dièdre à Crolles, etc.) ou dans de longues sections lisses (le roc de Tovière à Val-d'Isère), un côté purement athlétique absent à l'origine. Pour le plaisir du geste, les via ferrata modernes passent de tour en tour, montent et descendent, parfois dans le but, semble-t-il, d'exploiter au maximum le petit bout de falaise local. Comme dans toute activité « nouvelle », certains excès ont été commis, ici ou ailleurs : quand la via passe à un mètre d'une voie d'escalade préexistante (à l'aiguille de Luce - Meyronnes), ou quand la via se résume à un simple câble tiré dans un terrain totalement vertical

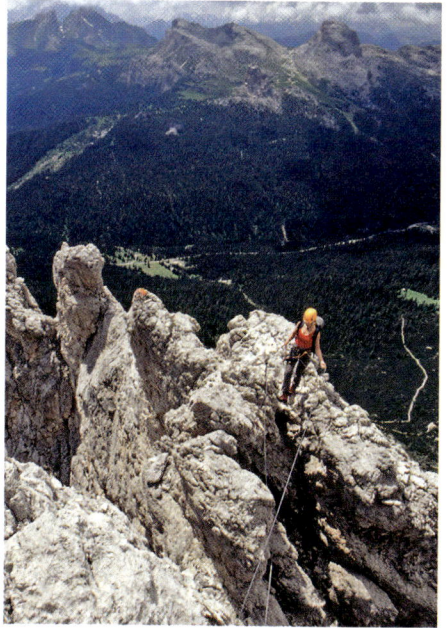

Une via au style très alpin : la Punta Anna dans les Dolomites.

réservé par nature à l'escalade (dans la région du lac de Garde en Italie).

La via ferrata se déroule ainsi dans des milieux très divers, d'une petite falaise que l'on traverse à quelques mètres du sol à l'ascension d'un véritable sommet ou de piliers « gazeux », des via quasi urbaines à des itinéraires à 2 500 m d'altitude. On peut y passer à peine une demi-heure pour des via d'initiation, quand d'autres nécessitent plusieurs heures, voire une bonne journée pour certains enchaînements. Cela dit, la grande majorité ne nécessitent pas plus de deux ou trois heures. C'est cette diversité qui fait qu'il y a toutes sortes d'amateurs en matière de via ferrata : de 7 à 77 ans, du sportif montagnard au flâneur curieux... L'essentiel étant d'adapter ses envies à son niveau.

Quoi de neuf pour 2007-2008 ?

Les Pyrénées se voient dotées de deux nouvelles via ferrata courant 2007, les via du Vicdessos, près d'Auzat (Ariège). Attention, tarifs (très) élevés pour ces deux via (avec location du matériel obligatoire !) : l'arête sud (F/PD) et la face nord (AD/D) ; infos : 05 61 05 19 37. Dans le reste de la France, deux « projets » avancent : Bussang, dans les Vosges, et Passy, en Haute-Savoie. À suivre...

Le milieu

La via ferrata est une activité pour tous. Cependant, il faut garder à l'esprit le paradoxe suivant : la via ferrata est conçue pour amener des personnes peu ou pas habituées à l'escalade dans des falaises nécessitant normalement des techniques alpines. De surcroît, dans la majorité des cas, la via ferrata se situe dans des zones alpines, souvent entre 1 200 et 2 500 m d'altitude. Des personnes peu ou pas habituées à la montagne – sans expérience de la randonnée alpine, notamment – s'y retrouvent donc. D'où cet autre paradoxe : des itinéraires sécurisés avec moult barreaux et câbles, dans un milieu – le vide – où la moindre erreur peut être fatale.

Bref, une impression de facilité dans une zone – la montagne – où le danger existe toujours. Cette impression de sécurité totale est fausse : rien n'est plus important que de connaître ses propres limites, celles de l'expérience. Rien ne sert de partir en montagne faire une via ferrata en fin de journée si la météo annonce un risque d'orage, ni de partir faire une via ferrata dans les Alpes du Sud un après-midi d'août si l'on a oublié la gourde, sous peine de déshydratation.

Il y a de grandes différences selon l'itinéraire choisi. Partir pour l'aiguillette du Lauzet, à plus de 2 600 m d'altitude, ne nécessite pas les mêmes aptitudes (entraînement, résistance à la fatigue) ni la même expérience de la montagne (conditions météo, état des

10 conseils pour le « ferratiste » en montagne

- En montagne, prenez toujours la météo avant de partir.
- Munissez-vous d'un vêtement chaud, d'un casse-croûte et d'eau.
- Démarrez tôt, surtout s'il y a une marche d'approche. Celle-ci n'en sera que plus agréable dans la fraîcheur du matin.
- Prévenez quelqu'un de votre projet.
- Faites un check-up complet de votre matériel avant de partir : baudrier, longes, casque, etc. Vérifiez les points d'usure sur les sangles (exemple : pontet du baudrier) soumises à rude épreuve.
- N'hésitez pas à faire appel à un professionnel, guide de haute montagne.
- Gardez l'œil ouvert particulièrement en intersaison, où les dangers potentiels sont plus nombreux : névés glissants en début de saison, jours qui raccourcissent à l'automne…
- En montagne, il peut neiger même l'été !
- Respectez la nature et ceux qui y travaillent (clôtures, cultures, etc.).
- Tenez compte du balisage et de la signalisation, et ne prenez pas, au sommet de la via ferrata, de raccourcis hasardeux (qui sont peut-être des sorties de voies d'escalade…).

névés, etc.) que la toute proche via ferrata des Vigneaux ou, *a fortiori,* une via urbaine comme à Grenoble, Thônes ou Puget-Théniers. Réfléchir avant de partir, mais aussi choisir l'itinéraire en fonction du plus petit dénominateur commun, à savoir le niveau de la personne la moins expérimentée, et du nombre de personnes dans le groupe. Plus on est nombreux, plus il y a de chances de mettre plus de temps... Enfin, n'hésitez pas à engager les services d'un professionnel, guide de haute montagne (ou moniteur Brevet d'État d'escalade si l'altitude est inférieure à 1 500 m uniquement). Les offices de tourisme sont là pour vous indiquer les guides de la région, de même que les bureaux des guides, qui vous renseigneront sur l'approche, etc. Vous pouvez aussi vous adresser au Syndicat national des guides (04 79 68 51 05). Ce sera l'occasion d'apprendre ou de réaliser l'enchaînement de vos rêves en toute sécurité.

Cotations

Vaste problème que celui des cotations en via ferrata. On s'est rendu compte très vite qu'il fallait une classification pour donner une idée de la difficulté de la via ferrata. Un paradoxe de plus, puisque le but de la via ferrata est justement de gommer la difficulté que l'on aurait si l'on devait gravir telle ou telle falaise par ses propres moyens (ceux de l'escalade classique).

Aujourd'hui, la majorité des stations et villages instigateurs des via ferrata ont donné une cotation qui va de F à ED (Facile, Peu Difficile, Assez Difficile, Difficile, Très Difficile, Extrêmement Difficile, avec des +/-), reprenant sans se fatiguer les cotations existant en alpinisme. Ces deux cotations n'ont pourtant rien à voir l'une avec l'autre, et une via ferrata AD ne saurait être comparée à une voie en montagne cotée AD.

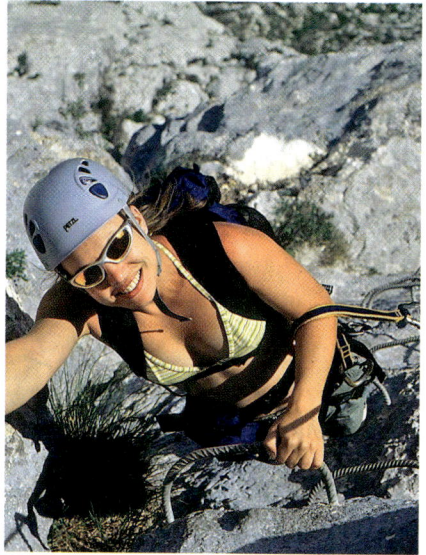

Le problème est le suivant : coter une via TD comme celle de Grenoble (partie haute) et une via D comme le Rocher Blanc (via de gauche, Chantemerle) n'est qu'en partie juste. En effet, cette cotation ne tient pas compte du fait que la première démarre à 200 m d'altitude seulement, au cœur d'une agglomération, tandis que la seconde flirte avec les 2 500 m, où l'irruption de la neige et du vent peut tout changer. C'est pourquoi nous avons ajouté à cette cotation « traditionnelle » les pictogrammes « gaz » pour souligner la présence de vide,

Trucs et astuces pour « ferrater » en toute tranquillité

- Respectez le sens du parcours de la via ferrata.
- Ne sortez pas de la via ferrata.
- Prenez garde à ne pas faire tomber de pierres.
- Encordez les enfants et toute personne ne se sentant pas rassurée.
- Préférez les chaussures montantes ou semi-montantes à semelle crantée.
- Passez un par un sur les passerelles et autres pont de singe, sauf indication particulière.
- Quand vous ne mousquetonnez pas les deux longes, mousquetonnez « à moitié » (doigt fermé sur la bretelle) la longe libre sur la bretelle du sac à dos sur votre poitrine : cela évite à la longe libre de traîner, et vous l'avez ainsi à portée de main.
- Dans les parties faciles, pensez à faire précéder votre main par votre longe, en faisant passer celle-ci sur votre avant-bras.
- Apprenez à progresser bras tendus et en poussant bien sur les jambes, vos avant-bras vous en seront reconnaissants.
- Prévoyez une dégaine à mettre sur votre pontet : en cas de fatigue dans un surplomb, vous n'aurez plus qu'à la mousquetonner sur le barreau devant vous. Cela permet d'être « vaché » court, et rapidement, tout en laissant mousquetonnée(s) la(les) longe(s) sur le câble.
- Soyez sympa... on est tous là pour la même chose : se faire plaisir.

élément important, ou l'altitude maximale pour savoir à quelles conditions on peut s'attendre, en fonction de la météo et de la saison. Tous ces éléments sont à prendre en compte pour choisir un itinéraire, et pas seulement la cotation brute.

Nous avons choisi de reprendre ce système de cotation copié sur l'alpinisme (F à ED), même si c'est « une hérésie » (dixit Pascal Sombardier). Une suggestion, qui n'est pas mise en œuvre dans cet ouvrage, serait – en s'inspirant des nouvelles cotations d'alpinisme – d'inventer une nouvelle cotation via ferrata à double entrée.

Par exemple, un premier chiffre (romain) ou « grade » pour mesurer la difficulté globale, le caractère long, engagé et/ou alpin, et un second chiffre pour la difficulté technique pure (aspect physique et présence de passages athlétiques) ; le premier allant de I à V, le second de 1 à 5.

Exemples : le roc de Tovière, III/5, les Plates de la Daille IV/4, l'aiguillette du Lauzet V/2, Chamrousse III/3, mont Charvin à Ugine V/2, la Grande Fistoire II/3+, le Grand Dièdre à Crolles II/5, Le roc du Vent IV/3, les Aillons I/1, la cascade de la Fraîche à Pralognan I/3, etc. À méditer...

Le matériel

Le matériel de base du ferratiste est relativement abordable. Comptez 150 euros environ pour le total, mais il est possible de louer du matériel dans bien des régions.

• **le casque** : élément de protection indispensable. Préférez un des nombreux modèles « light » (poids < 350 g).

• **le baudrier** : là encore, si vous ne pratiquez que la ferrata, pas besoin de s'encombrer de nombreux porte-matériels. Un modèle light fera l'affaire. Les modèles avec pontet central ou réglages aux cuisses peuvent être avantageux.

• **les longes** pour l'auto-assurance, munies d'un absorbeur de choc. Les modèles prêts à l'emploi sont très recommandés (Petzl, Simond, Mammut, etc.). Ce sont des modèles modernes montés en Y qui autorisent à mousquetonner les deux longes en même temps, contrairement aux longes « à l'ancienne » en V, où la fonction de l'absorbeur était annulée (danger mortel) si les deux longes étaient mousquetonnées en même temps.

Longe Petzl Scorpio Vertigo

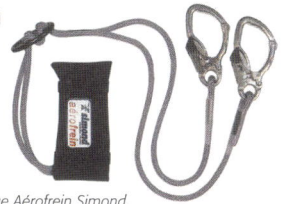

Longe Aérofrein Simond.

Un sac à dos de « ferratiste »

• Le matos : baudrier, longes en Y avec absorbeur, casque sont indispensables. Une corde de 25 à 30 m et quelques mousquetons pour s'encorder, plus un système d'assurage (exemple : *Reverso* de Petzl ou nœud de demi-cabestan sur mousqueton à vis).
• Une polaire, une veste en Gore-tex, des gants ou des mitaines.
• Une gourde (1,5 l minimum par personne pour la journée) et de quoi manger.
• Un petit kit de pharmacie (dont un désinfectant, un bandage et des pansements type Steril-Strip – très utiles en cas de coupure et autres) et, TRÈS important, de la crème solaire.
• Une frontale « light » (type *Tikka* de Petzl).
• Carte et boussole, altimètre (en montre, très pratique).
• Dernier conseil : ne prenez pas le sac « Expé-75 litres » avec des poches sur les côtés pour ferrater. Un sac étroit de 30 à 40 l est idéal pour la journée.

Progresser en sécurité

La règle de base est de s'auto-assurer sur le câble principal, qui sert de « ligne de vie ». Pour cela, il faut impérativement utiliser des longes en Y munies d'un absorbeur de choc, spécial via ferrata. En effet, en cas de chute sur le câble, le facteur de chute (hauteur de chute sur longueur de corde) peut très vite être supérieur à 2. Exemple : une chute de 4 m sur le câble avec une longe normalement de 1 m de corde donne un facteur de chute 4. Ce qui peut provoquer, outre des lésions internes, la rupture pure et simple du matériel (sangles, mousquetons) et la chute. Il faut donc diminuer cette force de choc en utilisant obligatoirement un absorbeur de choc (*Zyper* de Petzl, Plaquette 6 trous de Cassin, etc.). Ensuite, il faut relier l'ensemble absorbeur-longes au baudrier. Pour ce faire, il est préférable d'utiliser une sangle en effectuant deux têtes d'alouette. Les derniers modèles de longes prêtes à l'emploi vendues dans le commerce intègrent ce système. Dans tous les cas, il s'agit d'éviter que l'absorbeur soit relié au baudrier par un mousqueton, fût-il à vis (risque de rupture du doigt si le mousqueton se met en travers), sauf avec un maillon rapide semi-circulaire (et sa clé).

Le système longes-absorbeur permet de s'auto-assurer quel que soit le type de progression choisie.

Pour plus de détails, lire *La via ferrata, Connaître et Pratiquer* par Robert Berger (Amphora, 2001).

Pour votre sécurité, conformez-vous aux instructions portées sur les panneaux au départ de la via et durant le parcours.

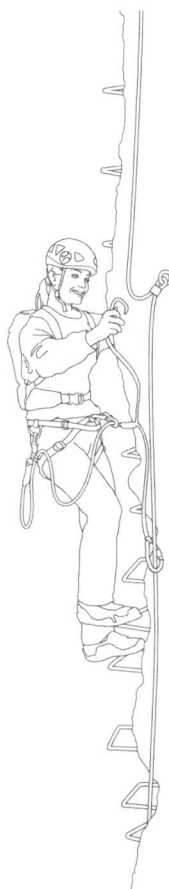

En via ferrata, vous devez toujours rester auto-assuré au câble par au moins une de vos deux longes.

Vous pouvez mousquetonner vos deux longes sur le même câble à condition d'avoir un système de longes en Y (et non en V).

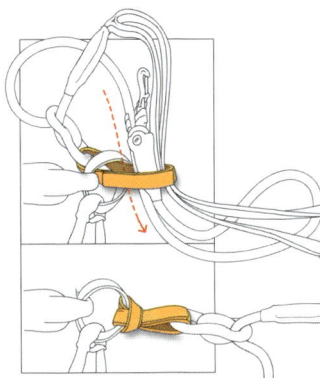

Restez bien concentré lors des manips de mousquetonnage.

Mise en place de la longe Zyper en Y Petzl sur le baudrier, en effectuant une tête d'alouette.

Mise en place de l'ancienne longe Zyper en V Petzl sur le baudrier, en effectuant une double tête d'alouette avec un anneau de sangle de 20 cm.

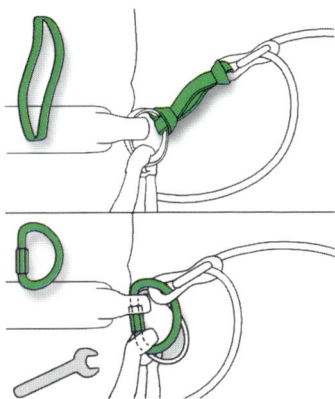

⚠ Pour une longe en V ou un système « maison » (avec une plaquette à trous type Cassin), ne jamais relier le système d'auto-assurance au baudrier par un mousqueton à vis. En effet, celui-ci peut se mettre en travers, et se rompre en cas de choc ! Il faut donc impérativement relier le système d'auto-assurance au baudrier par un anneau de sangle (en double tête d'alouette) ou par un maillon rapide semi-circulaire. Le maillon doit être mis en place sur les sangles du baudrier et non sur le pontet.

Petit lexique à l'usage du « ferratiste »

Aérien : un passage pas forcément difficile mais avec du vide sous les pieds...

Chute : à éviter...

Dalle : passage d'aspect lisse généralement peu raide.

Dégaine : ensemble comprenant mousqueton + anneau de sangle + mousqueton.

Dévers : mal au bras ? Vous êtes en dévers...

Dièdre : il est constitué de 2 pans de rochers formant un angle de 60° à 120°. L'idéal est de le gravir un pied sur chaque pan.

Gazeux : l'impression d'être en suspension au milieu des nuages, plus ou moins agréable... Voir « Aérien ».

Passerelle : faite de planches de bois et de câbles pour les mains (et pour s'auto-assurer).

Pont de singe : constitué de 2 câbles, un pour les pieds, un pour les mains.

Pont népalais : constitué de 3 câbles, un pour les pieds, deux pour les mains.

Vire : petit trottoir dans la falaise permettant généralement un cheminement horizontal et souvent facile.

Vacher (être vaché, se vacher...) : s'attacher pour se reposer sur une broche ou un barreau au moyen d'une des longes ou d'une dégaine.

Progression en autonomie

Sans absorbeur de choc, le matériel (mousqueton) ne peut résister à une chute. De même, si on mousquetonne les deux mousquetons d'une longe en V sur la même portion de câble, l'absorbeur ne peut jouer son rôle.

Lors d'une chute avec une longe en Y, le choc est absorbé par l'excédent de corde, qui coulisse dans l'absorbeur.

⚠ Malgré leur qualité, les systèmes longes-absorbeur proposés aujourd'hui évitent seulement de se retrouver 200 m plus bas en cas de chute… puisque, maintenant, les risques de rupture sont quasi nuls. Il faut toujours avoir à l'esprit que la chute en via ferrata est dangereuse. Les chocs peuvent être nombreux, et les obstacles divers : paroi, vire, végétation, mais aussi l'équipement même de la via ferrata (barreaux, marches métalliques…).

Une longe avec absorbeur de choc (et longe courte pour se reposer), le tout bien relié au cuissard, sans oublier le casque… L'équipement obligatoire pour tout ferratiste.

Pour vous reposer, vous pouvez vous « vacher » directement sur un barreau ou une broche, à l'aide d'une des longes ou d'une dégaine. Attention, ne vous « vachez » pas sur le câble pour vous reposer, glissade assurée !

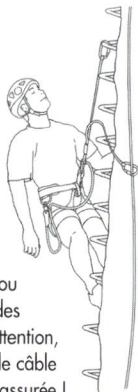

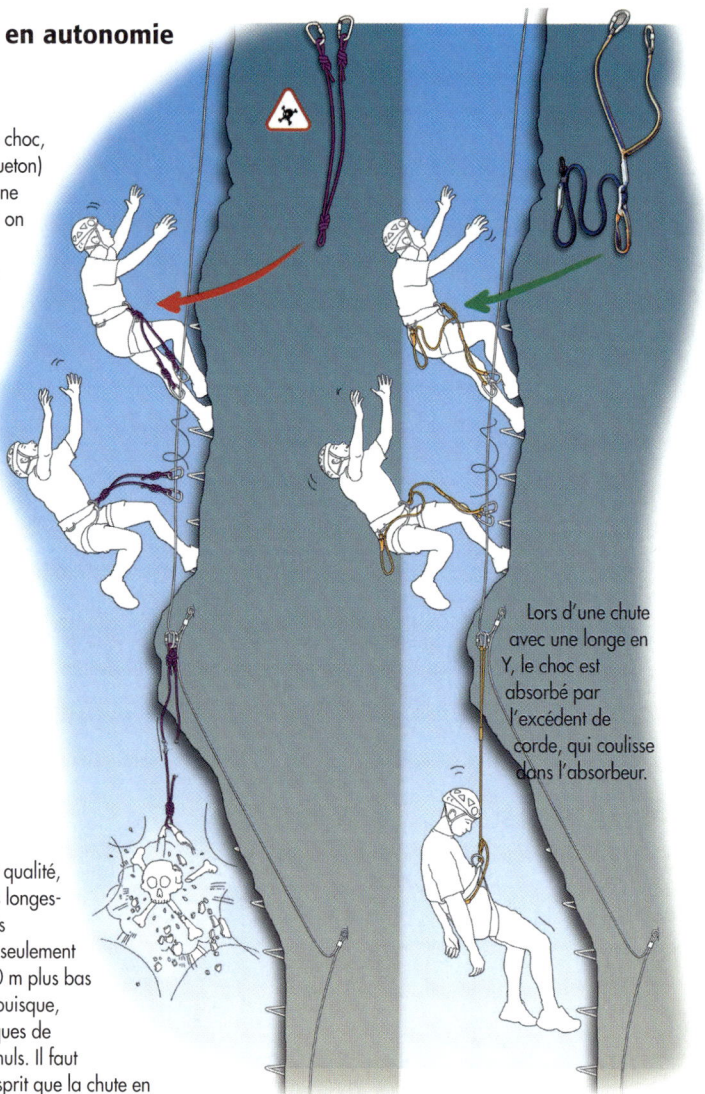

Progression encordé

Comme dans toute activité sportive en terrain vertical (escalade, alpinisme), s'encorder reste la seule façon de progresser en totale sécurité. Les participants forment une cordée solidaire dans laquelle le leader assure son (ses) second(s) en utilisant les techniques d'assurage propres à l'escalade (voir dessin ci-contre). Le leader se doit de maîtriser ces techniques. Lorsque les membres de la cordée progressent simultanément, le leader passe la corde dans des points intermédiaires (dégaine, broche en queue de cochon), de manière à s'assurer lui-même ou à assurer son second, notamment en cas de traversée. Il peut s'arrêter pour assurer ses compagnons dans un passage difficile (surplomb). Particulièrement recommandée pour les débutants, la progression encordé reste la façon la plus sûre de parcourir une via. **Elle est obligatoire avec des enfants.**

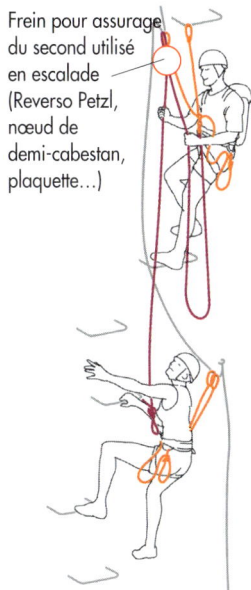

Frein pour assurage du second utilisé en escalade (Reverso Petzl, nœud de demi-cabestan, plaquette...)

La progression encordé ne dispense en aucune manière de s'assurer avec un système d'auto-assurance individuel.

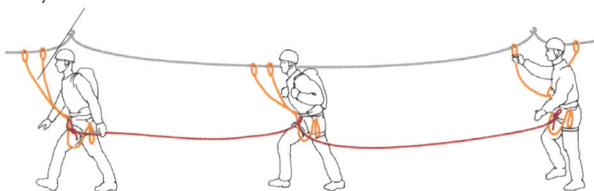

S'encorder en milieu de corde avec une queue de vache ou une queue en huit

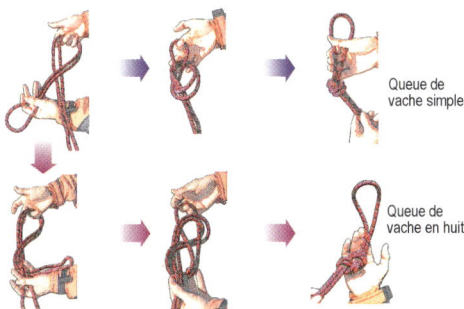

Queue de vache simple

Queue de vache en huit

Dans le cas d'une cordée de 3, la personne située au milieu s'encorde avec une queue de vache ou en huit. L'intervalle entre chaque membre de la cordée sera compris entre 6 et 8 m, distance correspondant à l'écart maximum entre deux ancrages du câble en terrain vertical. Ainsi, il est toujours possible de s'assurer sur un point fixe (broche en queue de cochon) entre chaque membre de la cordée. C'est ce que l'on appelle la progression simultanée.

S'encorder en bout de corde avec un nœud de huit

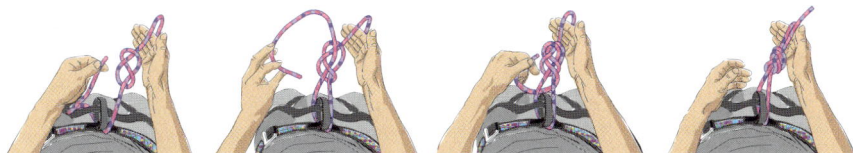

À environ 80 cm de l'extrémité de la corde, faites un nœud en huit simple. Passez le brin dans votre baudrier, puis tresser ce brin en suivant le cheminement du nœud en huit simple.
Le brin qui sort du nœud doit mesurer au moins 15 cm, sous peine de voir le nœud se défaire lors d'une chute...
Le contrôle est extrêmement simple : sur tout le nœud, deux brins de corde parallèles sont toujours visibles.

Comment lire ce guide ?

Numéro(s) et nom(s)
de la (des) via

Accès au parking et au point de départ
de la via
Retour au parking

Situation
géographique

65/66 • Les via ferrata des Vigneaux

Hautes-Alpes • Briançonnais • Les Vigneaux

Pictos de base du
(des) parcours
(voir détail page
ci-contre)

PD
D
380
500
1630
0h20
2h00
0h40
S

La via ferrata des Vigneaux est l'une des trois
via « historiques » (avec Freissinières et le
Lauzet) : c'est probablement la via la plus
parcourue de France, succès qui tient autant à
sa superbe situation à l'entrée de la Vallouise
qu'à son caractère pur et aérien. La via se divise à mi-hauteur en deux parcours
distincts : le Colombier (PD), très abordable, et la Balme (D), plus difficile et un
peu plus longue que la première.

Présentation

Descriptif
du parcours
de la via ferrata

Remonter une vire en traversée qui débouche sur une
dalle lisse que l'on remonte directement, puis une
arête à droite et une traversée amènent sur une vire
au pied de la bifurcation.

Accès : parking à l'entrée du
village des Vigneaux (en venant
de Briançon, bifurcation à
Prelles). Panneau via ferrata.
Un sentier monte rapidement
au départ.
Retour : du sommet (cairns)
un sentier redescend à gauche
à travers la forêt.

Infos spécifiques
à ces parcours
(ou parties de
parcours)

PD À gauche, **la via du Colombier** : une traversée mène à une échelle verticale, puis
des dalles conduisent à la sortie.

D À droite, **la via de la Balme** : monter droit dans des dalles lisses avant
de traverser à droite vers une petite grotte. Franchir le surplomb de
celle-ci (physique) et, par la droite, remonter une dernière dalle lisse
et sortir au sommet.

Croquis de la (des)
via ferrata.

P Parking

D Départ de la via

A Fin de la via

A

A   La Balme

Le Colombier

D

P

Les Vigneaux

Référence de la
carte à emporter

N° de téléphone
pour plus
d'informations

Carte IGN : Top 25 3536 OT
Infos : OT 04 92 23 35 80

18

Les données essentielles...

AD⁺ — Cotation (F, PD, AD, D, TD et ED) avec sous degré - ou +

0h20 — Marche d'approche

2h00 — Durée du parcours de la via

0h20 — Retour au parking

150 — Dénivelée de la via en mètres (ou exceptionnellement la dénivelée totale)

800 — Développé de la via en mètres

1010 — Altitude maximale en mètres, atteinte lors du parcours

S — Exposition au soleil

... et les infos complémentaires pour affiner votre choix

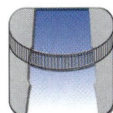

Passerelle

Pont de singe ou pont népalais

Tyrolienne (équipement spécifique et/ou encadrement obligatoire)

Via payante (entre 3 et 5 euros)

Passages très athlétiques (longs dévers, surplombs « tire bras »)

Via particulièrement exposée au vide (« gaz »)

Échappatoire possible (« sortie de secours » pour ferratiste fatigué...)

Via spécialement adaptée aux enfants, idéale pour toute la famille

Les via ferrata
des Alpes

Haute-Savoie

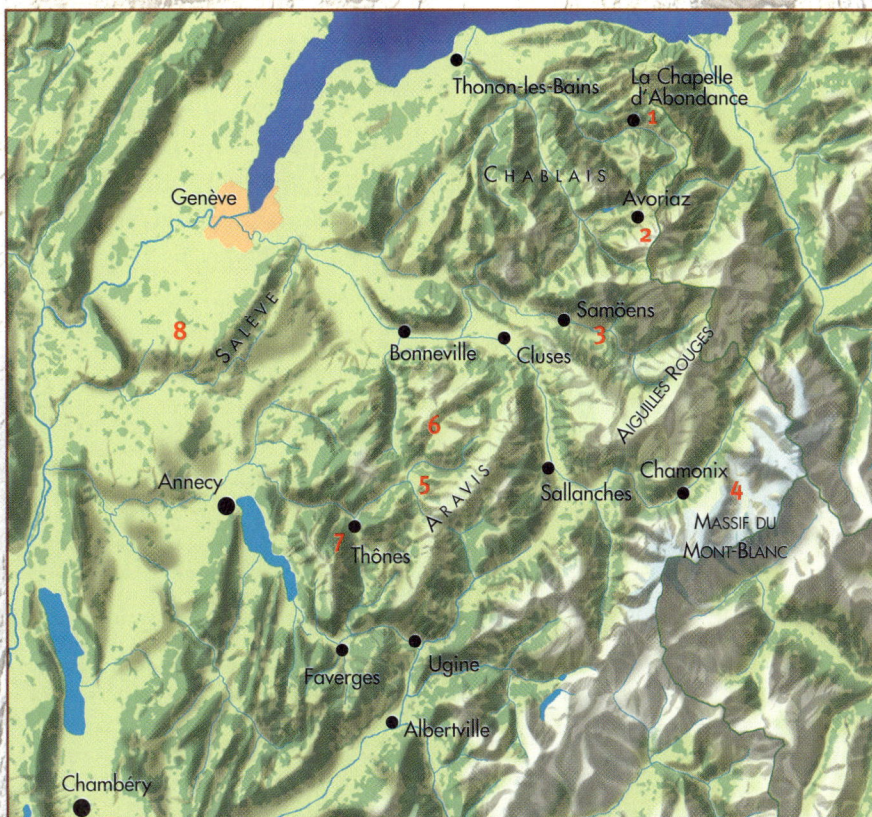

1 • Les Saix de Miolène

2 • Le Saix-du-Tour

3 • La via du Mont

4 • Les balcons
de la mer de Glace

5 • Via ferrata Yves Pollet-Villard

6 • La tour de Jalouvre

7 • Via ferrata de la Roche
à l'Agathe

8 • Via ferrata Jacques Revacliez

1 • La via des Saix de Miolène

AD⁺ TD | 295 | 900 | 1325

0h15 | **3h00** au total | 0h30 à 0h45 | S-E

Perchée dans les Alpes du Nord, la vallée d'Abondance est un peu à l'image de ses voisines suisses : pastorale, verdoyante et accueillante. La via ferrata des Saix du Miolène domine le village de la Chapelle d'Abondance.

La via porte bien son nom puisqu'elle traverse de gauche à droite cette falaise des Saix de Miolène, qui littéralement veut dire « le rocher du milieu de la vallée », en l'occurrence de la vallée d'Abondance. Trois tronçons (avec échappées entre chaque) vous attendent : le Cabri, niveau AD+, puis le Chamois, niveau TD, et enfin le Bouquetin, niveau TD, athlétique. Les deux derniers tronçons sont donc réservés à des ferratistes entraînés.

Le Cabri

AD⁺

Traversée agréable, entrecoupée par une passerelle appelée pont du Goléron. Au niveau du Pscheu de l'Ogre (une résurgence d'eau), c'est la 1re échappée et la fin du tronçon.

Le Chamois

TD

Le tronçon suivant démarre par la traversée du Coucou, une belle dalle sculptée. Ensuite on parvient (brève descente) à une vire herbeuse (le jardin de Miolène). Un raide mur athlétique (la Para Nera) de couleur sombre mène à la fin du 2e tronçon, sortie/échappée dite du Vionnet (longueur cumulée 700 m, retour 30 minutes).

Accès : depuis Thonon se rendre à Abondance. Traverser Abondance. À l'entrée de la Chapelle d'Abondance, se garer à gauche (parking au pied de la carrière) juste après le panneau de bienvenue. Ne pas prendre la route au fond du parking montant à la carrière mais reprendre la route principale sur 100 m pour prendre le sentier d'accès, baptisé Sentier du Menhir.

Retour : un sentier évident mais parfois glissant (prudence) ramène au point de départ.

Le Bouquetin

TD

S'il vous reste des bras, engagez-vous dans ce dernier tronçon. Continuer par une traversée délicate (traversée des Poupées). Après un crochet à gauche, gravir le mur du Saix Rouge, très athlétique et aérien pour sortir au sommet (longueur cumulée 900 m, retour 45 minutes).

Sentier de retour
Mur du Saix Rouge
Traversée des Poupées
La Para Nera
Traversée du Coucou
Jardin de Miolène
Le Pscheu de l'Ogre
Sentier de retour
Pont du Goléron
Accès

Carte IGN : Top 25 3528 ET
Infos : OT 04 50 73 51 41

Comme Thônes ou Val d'Isère, le Saix-du-Tour est une via qui démarre au cœur d'une station, Avoriaz. Des via ferrata et une pratique fort différentes des virées en montagne type aiguillette du Lauzet (via 57) ou roc du Vent (via 13)... Le parcours est de difficulté modérée, même si une ou deux variantes permettent de corser le tout (sans elles, le parcours est plutôt AD).

D	170	600	2023
0h05	2h00	0h30	S-O

Accès : Avoriaz est une station sans voitures. Parking à l'entrée. Traverser la station en direction des immeubles du Crozat jusqu'à la résidence Snow. Sur le chemin du lac, une sente monte directement en direction de la falaise (panneau, 1 850 m).
Retour : longer la crête sommitale du Saix-du-Tour, direction nord-ouest, et revenir par une route sur la station.

Il traverse une barre rocheuse de gauche à droite. Démarrer par une série de traversées à droite, coupée par un ressaut raide (le passage du Génépi). Ces petites montées et descentes mènent à la grotte des Ardoisiers, possibilité de faire une variante par le pont de singe. Suivre ensuite une grande vire (le passage du Berger), puis monter en oblique (la traversée du Bénitier). Après des vires, franchir le passage du Rasoir. Juste avant il est possible de prendre la variante du surplomb du Saix. On peut alors s'échapper ensuite en montant directement jusqu'à l'arête sommitale. Sinon, poursuivre à droite par la traversée de la pointe du Tour qui s'achève par le pont de Vorlaz (20 m).

Carte IGN : Top 25 3528 ET
Infos : OT 04 50 74 02 11

3 • La via du Mont

AD+ | 150 | 800 | 1010
0h20 | 2h00 | 0h20 | S

La via du Mont domine les gorges des Tines entre Samoëns et Sixt-Fer-à-Cheval. D'un niveau abordable, elle parcourt en diagonale la longue barre rocheuse aboutissant à la dent de Verreu en rive droite de la vallée du Haut-Giffre. Située à une altitude peu élevée, elle reste longtemps praticable.

Par une traversée ascendante facile, atteindre la vire de l'Ours. Gravir à gauche un éperon, puis droit sur 10 m, petite traversée, et atteindre la dalle des Paresseux. Il est possible de s'échapper à gauche par la vire du Raffour ou par le sentier de descente. Sinon continuer par une traversée aérienne, pour atteindre ensuite la passerelle de l'Oulzès (15 m). Suivre une vire ascendante pour atteindre une échelle de 8 m. Puis une nouvelle traversée (l'Ally) mène à un dernier mur raide qui termine la via.

Accès : 5 km après Samoëns direction Sixt se garer sur le parking des Tines (face aux gorges du même nom, 773 m). Traverser la route et suivre le sentier jusqu'au départ...
Retour : suivre le balisage sur la gauche jusqu'au parking.

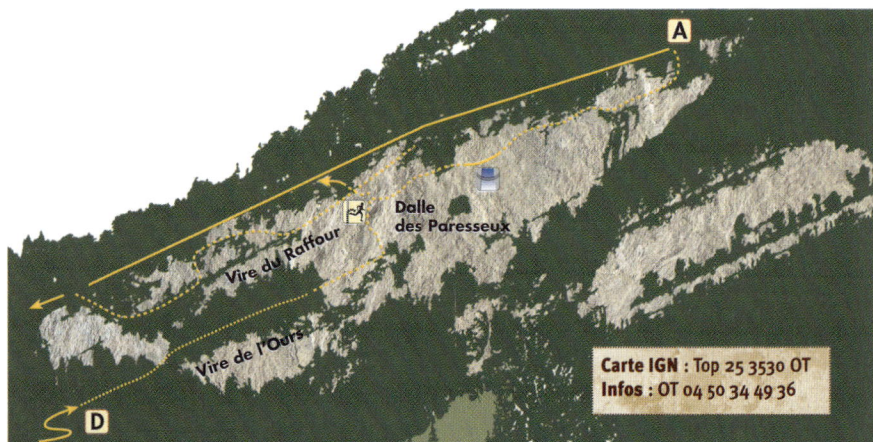

Dalle des Paresseux

Vire du Raffour

Vire de l'Ours

A

D

Carte IGN : Top 25 3530 OT
Infos : OT 04 50 34 49 36

Haute-Savoie • Massif du Mont-Blanc • Chamonix

Parcourant les plus fantastiques paysages de haute montagne, les balcons de la mer de Glace ne sont pas une via ferrata mais plutôt un voyage en haute montagne alternant passages câblés et randonnée glaciaire. Une certaine expérience de la haute

D rando glaciaire !

800

800

5h00 1er Jour

3h00 2e Jour

2687

montagne est donc nécessaire pour découvrir cette merveilleuse balade, réservée en outre à des personnes entraînées et équipées du matériel glaciaire (crampons indispensables). Du bassin secret de la Charpoua (au pied des Drus) au belvédère du refuge du Couvercle (avec vue sur les Grandes Jorasses, une des plus hautes faces nord des Alpes) en passant par la traversée de la mer de Glace, c'est une boucle absolument inoubliable à faire en deux jours pour mieux en profiter.

Accès : prendre le train du Montenvers à Chamonix. **Départ à la gare du Montenvers, 1 913 m. Retour :** itinéraire en boucle.

De la gare du Montenvers, prendre au sud le sentier qui descend sur la mer de Glace par quelques échelles. Traverser la mer de Glace dès que possible, et viser un gros rectangle blanc peint sur le rocher. Là, remonter des échelles jusqu'au balcon proprement dit. Continuer en suivant le sentier parfois raide pour atteindre le vallon situé sous le refuge de la Charpoua. Laisser le sentier qui monte au refuge et prendre tout droit ; suivre alors une série d'échelles, en alternant montées et descentes pour franchir les contreforts du Moine. Une vire amène à un couloir raide que l'on remonte jusqu'à un col d'où l'on voit le refuge du Couvercle, 2 687 m. Pour y passer la nuit penser à réserver. Le lendemain, descente par le sentier jusqu'aux échelles des Egralets. Ensuite, il faut trouver son chemin sur la moraine souvent chaotique pour revenir au centre de la mer de Glace. L'endroit où le sentier remonte au Montenvers est marqué par le rectangle blanc le plus bas.

Les balcons de la mer de Glace sont faisables dans la journée (compter 8 h), mais attention à l'heure du dernier train... Il est recommandé aux personnes non expérimentées au terrain glaciaire de s'assurer les services d'un guide de haute montagne. Une bonne occasion pour vous familiariser à la randonnée glaciaire et au matériel obligatoire : crampons, piolet, corde et système d'assurage. Enfin, faites attention à la météo avant de partir, le brouillard ou l'orage sur la mer de Glace sont des expériences à ne pas tenter.

Carte IGN : Top 25 3630 OT
Infos : OT 04 50 53 00 24,
refuge CAF du Couvercle 04 50 53 16 94

5 • Via ferrata Yves Pollet-Villard

Haute-Savoie • Aravis • La Clusaz

D+

300 700 1800

0h20 2 h 0h45 S

Cette via ferrata est nichée au cœur des Aravis, dans un cadre savoyard typique : alpages et chalets. La via ferrata porte le nom d'Yves Pollet-Villard, longtemps maire de la commune et fameux guide de haute montagne, aujourd'hui décédé. L'itinéraire se développe en diagonale et ne vaut D+ que par son dernier passage, d'ailleurs évitable. En prenant la vire d'échappatoire, la cotation est plutôt AD+. Très courue, cette via commence d'ailleurs à être patinée dans certains passages.

Départ par une traversée sur la droite, avant un ressaut raide. Suivre une vire, un petit mur puis un couloir débouchant sur un passage surplombant, le donjon des Deux Niches. Passer un bombement, puis une traversée à droite : voici le mur du Bon Geste, vertical. Une petite descente et un nouveau bombé livrent l'accès à la passerelle de 20 m. Une nouvelle traversée, des petits ressauts puis des vires mènent au surplomb de la sortie à la R'tourne, évitable par une vire. Fin des difficultés à 1 830 m.

Accès : pour atteindre le départ de la via, prendre la route du col des Aravis. Se garer dans les premières épingles de la route, au panneau Via Ferrata (1 390 m). Prendre un sentier sur la gauche (balisage), avant de déboucher sur la via ferrata à droite, 1 535 m.
Retour : suivre un sentier évident qui part à gauche et descend en lacet dans la combe de Borderan.

Parcours de la via interdit du 15/11 au 15/05 et lorsqu'il est enneigé en dehors de cette période.

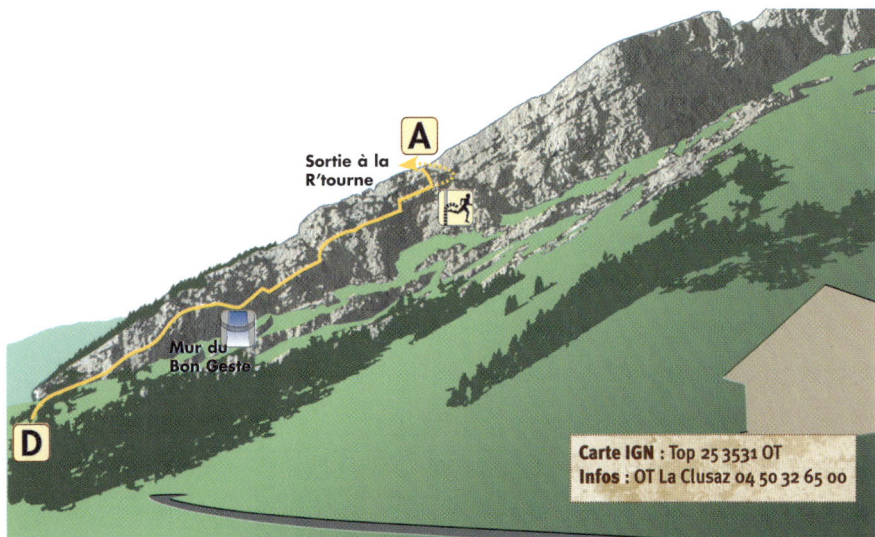

Sortie à la R'tourne   **A**

Mur du Bon Geste

D

Carte IGN : Top 25 3531 OT
Infos : OT La Clusaz 04 50 32 65 00

Haute-Savoie • Aravis • Le Grand-Bornand

Sur le beau rocher calcaire des Aravis, la tour du Jalouvre est une via ferrata longue, comportant quelques passages physiques, mais arrivant sur un beau sommet. Les moins téméraires pourront s'échapper à mi-parcours par une vire équipée à cet effet. Grosses sensations pour les autres, avec le franchissement d'une passerelle de 16 m suivi du plat de résistance, le bien nommé pilier des Courants d'Air... Une via magnifique, mais longue.

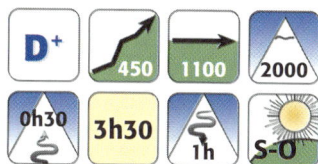

D+ | 450 | 1100 | 2000
0h30 | 3h30 | 1h | S-O

Accès : depuis le Chinaillon, direction col de la Colombière. Panneau au bord de la route. Suivre le sentier pendant 20 à 30 minutes, on atteint la base des rochers. Prendre un sentier qui descend et traverse le vallon, puis remonte pour atteindre le pied de la paroi sur sa gauche.

Retour : suivre un sentier qui traverse toute la face du Jalouvre, au bout de laquelle on descend un raide couloir équipé de câbles pour arriver à la combe du rasoir. De là un bon sentier ramène au parking. La descente est longue et à ne pas négliger : le terrain est alpin, dominant des barres rocheuses et l'accès à la combe du Rasoir délicat. Restez équipés, et concentrés !

Démarrer en ascendance de droite à gauche par des dalles grises, puis après un crochet à droite l'itinéraire continue à gauche sous l'arche du Bouquetin, un imposant dévers. Franchir à gauche une série de petits surplombs (le dévers du Cul Tourné). Le cheminement devient plus facile. Poursuivre en traversée en direction de la tour du Jalouvre. Il est alors possible de s'échapper par la sortie à Fred. Dans ce cas, suivre à gauche une vire facile qui ramène au pied. Sinon, traverser l'impressionnante passerelle du Gypaète, puis gravir un pilier très aérien. Poursuivre par une grande traversée aérienne (pont en demi-tronc), et poursuivre par le fil d'une arête sans difficulté mais aérienne. La via s'échappe de celle-ci pour récupérer une vire à droite, l'itinéraire de descente.

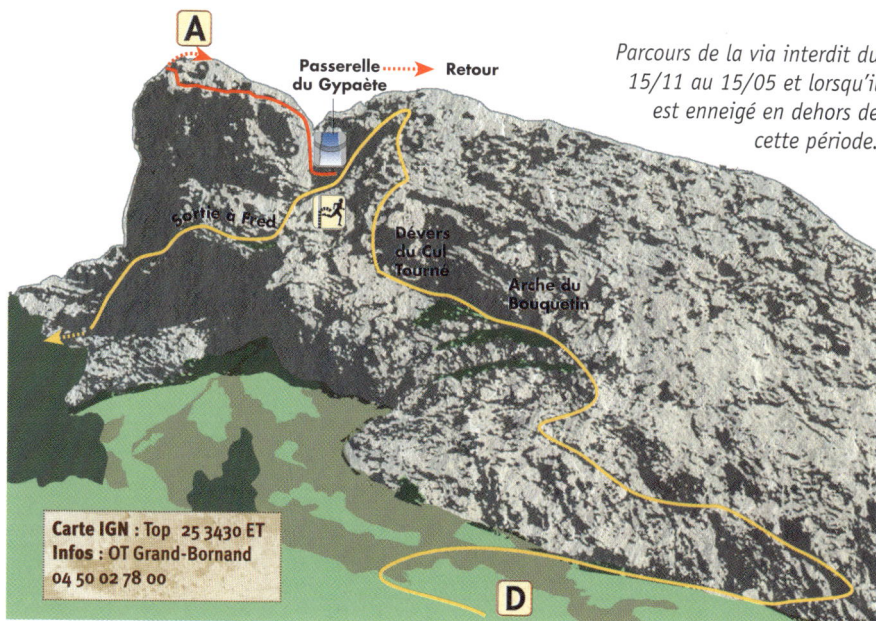

Passerelle du Gypaète ......► Retour

Parcours de la via interdit du 15/11 au 15/05 et lorsqu'il est enneigé en dehors de cette période.

A

Sortie à Fred

Dévers du Cul Tourné

Arche du Bouquetin

D

Carte IGN : Top 25 3430 ET
Infos : OT Grand-Bornand
04 50 02 78 00

7 • Via ferrata de la Roche à l'Agathe

Haute-Savoie • Aravis • Thônes

D ED	235	600	895
0h10	2h00	0h30	S-O

C'est un itinéraire urbain, célèbre pour l'un des passages de via ferrata les plus redoutés de France : le surplomb de l'Ermite. Depuis, on a largement vu pire : le Grand Dièdre à Crolles (moins dévers mais beaucoup, beaucoup plus long) et surtout la Jules Carret (plus longue... et bien plus ardue). Ceci dit, vous n'êtes pas du tout obligé de gravir ce terrible surplomb : vous pouvez aussi prendre la vire d'échappée ou, mieux, l'échelle à l'Envers, qui se gravit face au vide. Facile, mais sensations garanties !

Après un pont de singe, remonter des dalles et des ressauts en diagonale vers la gauche. À mi-hauteur, il est possible de s'échapper et de récupérer le sentier de descente. Sinon gravir des petits surplombs et une rampe pour atteindre le pied du surplomb de l'Ermite. Passage très long et très athlétique. Pour ceux qui ne seraient pas habitués à tirer sur les bras, il est conseillé d'utiliser l'échelle à l'envers à droite ou de s'échapper par la vire encore plus à droite.

Accès : se rendre à la gare routière de Thônes, juste après le rond-point à l'entrée du village. Du parking, suivre la signalisation : passer sous un souterrain, ne pas prendre le chemin bétonné à droite (le retour !) mais aller au bout de la rue (panneau). La via démarre un peu au-dessus. **Retour** : descendre en suivant des câbles (raide) puis un chemin ramène au parking.

A

Surplomb de l'Ermite

Carte IGN : Top 25 3431 OT
Infos : OT Thônes 04 50 02 00 26

Pont de singe du Calvaire

Cette via se trouve dans le bois du Pommier, sur la commune de Présilly. Bien que courte, cette via ferrata est sympathique et même assez aérienne dans sa seconde moitié. Le tout ne prend guère plus d'une heure, retour compris,

| D | 70 | 500 | 950 |

| 0h15 | 0h30 | 0h10 | O |

mais c'est la logique de certaines via ferrata : un tour de manège, et c'est déjà fini... Itinéraire intéressant pour débutant « débrouillé ».

Accès : se rendre sur la route entre Saint-Julien-en-Genevois (en venant de Genève) et Cruseilles (en venant d'Annecy). Après le col du Mont-Sion (786 m) en venant de Cruseilles, quitter la nationale en direction de Pommier (ancienne Abbaye). Continuer jusqu'au 1er carrefour, prendre à gauche et toujours tout droit. La route se transforme en piste jusqu'au parking au pied du sentier des Convers. De là, il faut suivre le balisage jaune et monter 20 minutes avant de trouver le panneau « via ferrata » et le départ.
Retour : suivre les marques rouges qui mènent au sentier des Convers (marques jaunes) pour revenir au parking.

La via commence par un sentier câblé en sous-bois, en longeant le pied de la falaise à gauche. Ensuite l'itinéraire prend de l'altitude, devenant aérien très rapidement. On traverse une dalle pour franchir un mini-pont. Un dernier mur raide et gazeux, finissant par un court surplomb donne la clé de l'itinéraire.

La plus grande discrétion est demandée aux ferratistes entre février et fin mai, à cause de la nidification des faucons pèlerins dans le secteur, une espèce devenue très rare de nos jours en Haute-Savoie.

Carte IGN : Top 25 3430 OT
Infos : OT Salève 04 50 59 40 78

Via ferrata de Tovière à Val d'Isère.

Via ferrata des Lacs Robert.

Via ferrata de la tour du Jalouvre.

Via ferrata de la tour du Jalouvre.

Via ferrata de Roche Veyrand
à Saint-Pierre d'Entremont.

Savoie

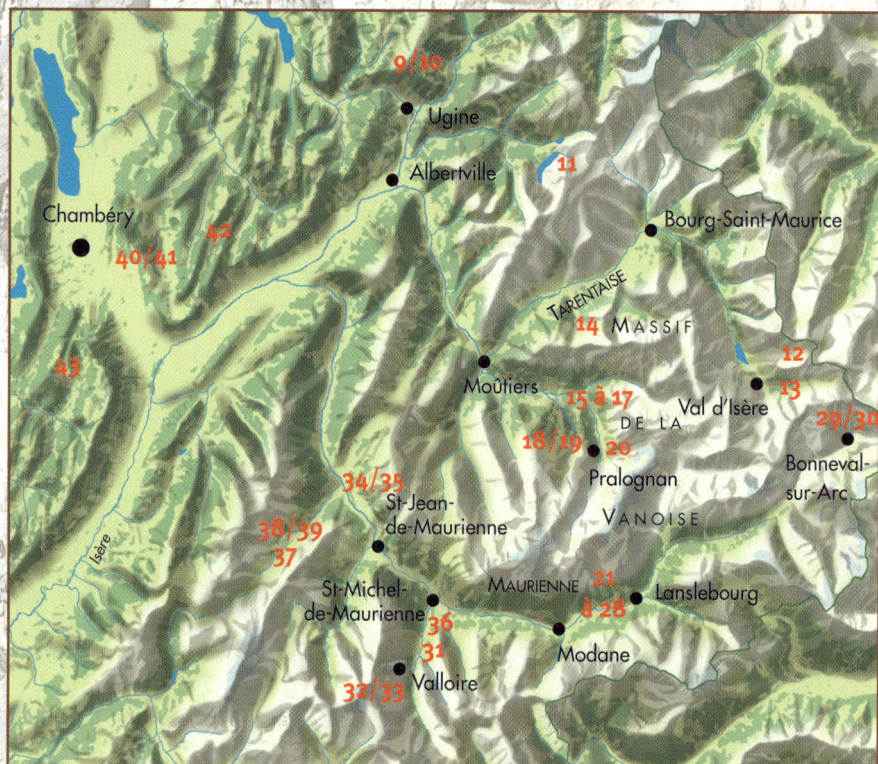

Map locations:
9/10 • Ugine
11
Albertville
Chambéry
42
40/41
43
Bourg-Saint-Maurice
TARENTAISE
14 • MASSIF
Moûtiers
15 à 17
12
13
Val d'Isère
18/19 • 20
Pralognan
29/30
Bonneval-sur-Arc
34/35
St-Jean-de-Maurienne
38/39
37
DE LA
VANOISE
St-Michel-de-Maurienne
MAURIENNE
21 à 28
Lanslebourg
36
31
Modane
32/33 • Valloire

9/10 • **Pas de l'Ours et Golet de la Trouye**

11 • **Roc du Vent**

12 • **Roc de Tovière**

13 • **Les Plates de la Daille**

14 • **Les Bettières**

15/16 • **Plan-du-Bouc**

17 • **Les Grosses Pierres**

18 • **Lac de la Rosière**

19 • **Croix des Verdons**

20 • **Cascade de la Fraîche**

21 • **Via ferrata du Pichet**

22 à 28 • **Les via du Diable**

29/30 • **Andagne**

31 • **Via ferrata de Poingt Ravier**

32/33 • **Rocher Saint-Pierre**

34/35 • **Les via ferrata de l'Adret**

36 • **Via ferrata du Télégraphe**

37 • **Via ferrata de Comborsière**

38 • **Rocher Capaillan**

39 • **Via ferrata de la Chal**

40/41 • **Les vias ferrata de la Grotte à Carret**

42 • **Via ferrata école de Rossane**

43 • **Roche Veyrand**

Savoie • Aravis • Ugine

Voilà deux itinéraires qui permettent de visiter, au cours d'une vraie randonnée alpine, l'un des plus beaux sommets cités dans ce recueil : le mont Charvin et ses 2 409 m. La via du Pas de l'Ours permet d'atteindre le sommet en aller-retour, tandis

PD | 820 | rando | 2409
3h30 | 2h00 | S-E

que l'itinéraire alpin du Golet de la Trouye se monte mais n'est pas du tout recommandé à la descente : celle-ci s'effectue de l'autre côté par la via du Pas de l'Ours. La via de l'Ours est en fait principalement un sentier câblé, alors que le Golet de la Trouye est un « terrain à chamois » sécurisé. Les deux ont été utilisés par les autochtones bien avant d'être câblés...

Accès :
• Pas de l'Ours : d'Ugine prendre la route du col d'Arpettaz, puis de là suivre la route carrossable des Montagnes d'Ugine jusqu'au chalet de Merdassier du Milieu à 1 585 m, parking.
• Golet de la Trouye : se garer dans la boucle avant le col de l'Arpettaz au-dessus d'Ugine, au lieu-dit les Bassins.
Retour : voir chaque descriptif.

Via du pas de l'Ours

250

Prendre un sentier longeant la crête qui relie la tête de l'Aulp au mont Charvin. On y parvient en suivant la Mène Noire, une vire câblée de 250 m qui débouche sur l'arête est du Charvin que l'on remonte jusqu'au sommet. Descente par le même itinéraire.

Itinéraire alpin du Golet de la Trouye

Il offre une traversée complète du mont Charvin, en utilisant la via du Pas de l'Ours à la descente. Prendre le sentier balisé des falaises du Charvin en direction d'un couloir très étroit et raide, le Golet de la Trouye. Au sommet de la pente herbeuse, atteindre une plate-forme (idéale pour s'équiper) sur un bec de rocher. Deux câbles mènent au passage de la Sentinelle, puis au couloir du Golet de la Trouye. Contourner un éperon et remonter des gradins jusqu'à l'arête, 2 053 m. Remonter l'arête sud du mont Charvin, très esthétique mais très aérienne, par une série de gradins, pentes et ressauts parfois délicats. Descente par l'arête est, sécurisée, puis par la via du Pas de l'Ours (voir ci-dessus) et la vire de Mène Noire. Ensuite, retour via le col d'Arpettaz au parking.

La « Trouye » en savoyard... : c'est tout simplement une truie...

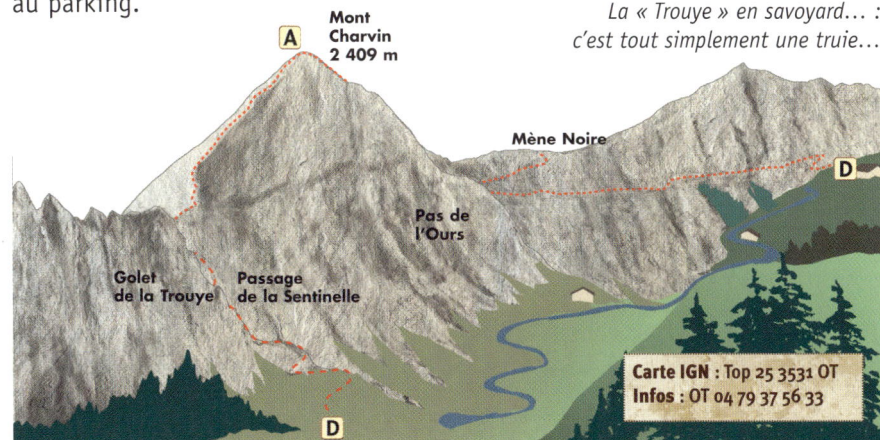

Mont Charvin 2 409 m — A

Mène Noire — D

Pas de l'Ours

Golet de la Trouye — Passage de la Sentinelle

Carte IGN : Top 25 3531 OT
Infos : OT 04 79 37 56 33

D

AD | 550 | 850 | 2360

0h45 | 2h30 | 0h30 | toutes

Véritable bijou et véritable sommet, le roc du Vent ravira tous les amoureux de la montagne qui sauront apprécier l'ambiance aérienne des lieux, au-dessus des eaux du lac de Roselend, avec le mont Blanc en toile de fond. Cet itinéraire splendide propose, outre un vertigineux pont népalais, une curiosité unique en la matière : un tunnel, creusé avant guerre pour un projet faramineux de route reliant les cols des Alpes en altitude. Attention au rocher parfois très glissant.

Débuter sur des grandes dalles inclinées, où l'on suit des dièdres couchés. Passer une terrasse (à droite, la sortie du tunnel), continuer par des ressauts jusqu'aux pentes d'herbe sommitales (plus bas, la vire des Bouquetins que l'on prendra avant l'entrée dans le tunnel).

Accès : depuis Beaufort ou Arêches se rendre au lac de Roselend, que domine au nord-est le roc du Vent. Suivre la route du Cormet de Roselend en direction de Bourg-Saint-Maurice, parking au chalet CAF du Plan de la Laie à 1 813 m (à gauche). Du parking, suivre le sentier du roc du Vent et atteindre le chalet de la Plate. De là, prendre le sentier à gauche en suivant les panneaux, puis à nouveau à gauche (en suivant un vieux câble par terre ayant servi à la construction du tunnel). **Retour :** par le sentier suivi à l'aller.

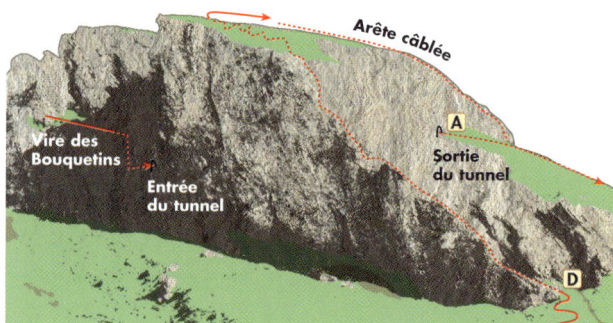

Carte IGN : Top 25 3532 OT
Infos : OT 04 79 38 37 57

Arête câblée
Vire des Bouquetins
Entrée du tunnel
Sortie du tunnel
A
D

Du sommet, suivre la crête au nord-est ; par des marches taillées, descendre dans un canyon, le franchir et gravir la tour isolée. À son sommet, la traverser et rejoindre le pont népalais (possibilité d'échapper à la tour et au pont : dans le canyon suivre une sente pour rejoindre une courte cheminée située 20 m après le pont népalais). De l'autre côté, suivre la crête de la Gittaz et descendre dans un raide couloir jusqu'à la vire des Bouquetins, que l'on suit jusqu'à l'entrée du tunnel. Le franchir, puis retrouver le sentier de descente.

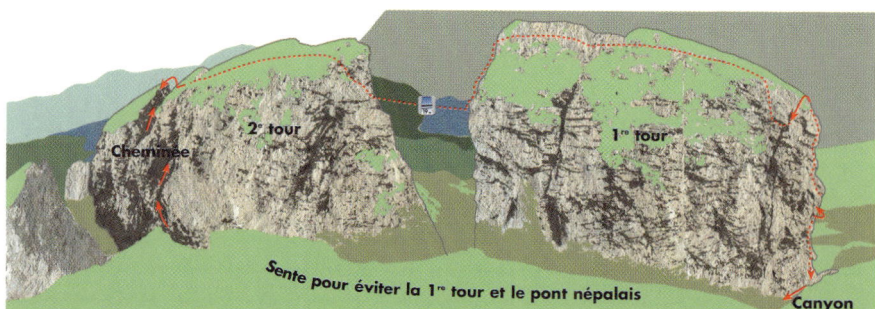

Cheminée
2ᵉ tour
1ʳᵉ tour
Sente pour éviter la 1ʳᵉ tour et le pont népalais
Canyon

Savoie • Haute-Tarentaise • Val d'Isère

Situé en face de la via suivante (les Plates de la Daille), et avec son départ au cœur des immeubles, le roc de Tovière n'est plus l'itinéraire de via ferrata le plus difficile de France, mais reste un morceau de choix de par sa longueur, et son exceptionnel caractère aérien : gaz à tous les étages ! Une bonne expérience de la via ferrata devrait vous permettre de venir à bout de la grande dalle très raide et très aérienne dominant la grande passerelle : « dalle » d'ailleurs entrecoupée d'un bref mais rude petit dévers. La suite est encore longue, la sortie lointaine. Les moins expérimentés se contenteront donc sagement de la première moitié, jusqu'à la grande passerelle.

PD / **D** / **ED-** · 550 · 1400 · 2360 · 0h01 · 3h00 · 0h40 · N-E

PD La 1re partie débute par un petit mur suivi d'une longue traversée ascendante. Un mur raide, un petit pont et un pilier mènent à la 1re échappatoire.

D Ensuite, après le pilier, poursuivre par une traversée aérienne. Un 2e pont, puis une redescente conduisent à une traversée athlétique, puis à une passerelle. Monter en oblique sur des gradins herbeux jusqu'au pied de la grande passerelle de 41 m. Fin de la 1re partie, échappée à gauche, sentier.

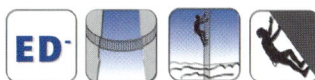

ED- Pour la 2e partie, franchir la passerelle, gravir la grande dalle qui fait suite, dont un surplomb au milieu. Hauteur près de 60 m. S'ensuit une traversée difficile dans la falaise qui surplombe directement la route, où les prises de pied sont en dévers, entrecoupée de deux dièdres verticaux. Pour finir, une longue montée dans les gradins herbeux mène au sommet du roc de Tovière.

Accès : à l'entrée de Val d'Isère, en arrivant à la Daille, traverser le pont et tourner à droite, se garer derrière le parking couvert. Départ près du parking privé de la Daille. La via se situe sur la falaise qui domine la route à droite en arrivant.

Retour : suivre le sentier qui bascule à gauche dans le vallon de Tovière. Attention au début escarpé au milieu des paravalanches.

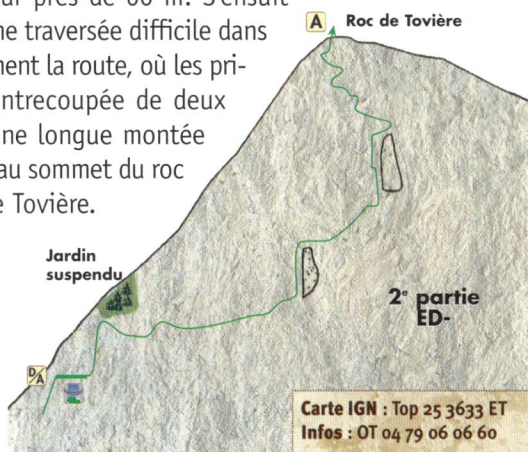

Roc de Tovière
Jardin suspendu
2e partie ED-

Carte IGN : Top 25 3633 ET
Infos : OT 04 79 06 06 60

13 • Les Plates de la Daille

S a v o i e • H a u t e - T a r e n t a i s e • V a l   d ' I s è r e

D⁺ | 420 | 600 | 2216 | 0h05 | **2h15** | 0h30 | S-O

Si vous pensez que la première partie du roc de Tovière (en face) est trop facile pour vous, et la seconde partie trop difficile, alors les Plates de la Daille peuvent constituer un objectif de choix. Des ressauts surplombants et une traversée gazeuse vous mettront dans le bain, avec toutefois plus de barreaux qu'au roc de Tovière. Cela change les choses...

Démarrer par des passages faciles. Une traversée dans un couloir puis un premier mur mènent à un surplomb assez difficile. Plus haut, après une terrasse il faut descendre à gauche (très vertigineux...) – c'est la traversée de l'Aigle – avant de suivre une écharpe en traversée, d'où l'on rejoint le dernier mur raide (petit surplomb au milieu).
Une dernière dalle marque la fin des difficultés.

Accès : se garer à l'entrée de Val d'Isère (en venant du Chevril/Bourg-Saint-Maurice).
Le sentier démarre à droite de l'immeuble « Pierre et vacances ».
Retour : par un sentier à droite en lacet.

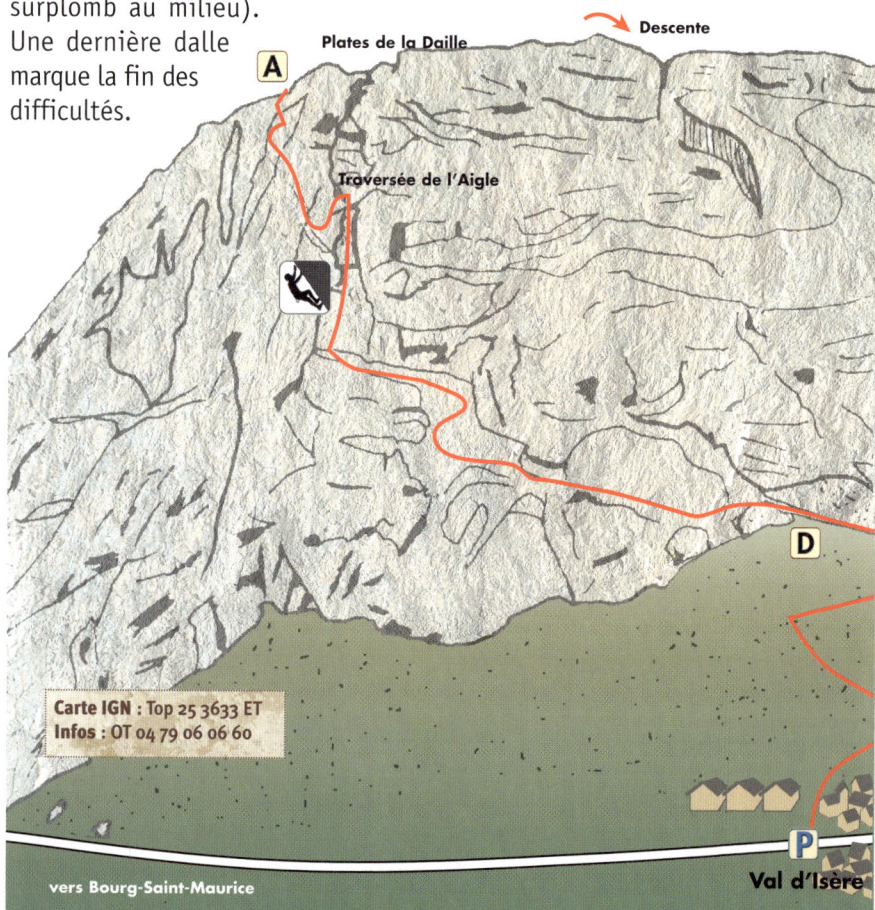

Plates de la Daille

Descente

A

Traversée de l'Aigle

D

Carte IGN : Top 25 3633 ET
Infos : OT 04 79 06 06 60

P

Val d'Isère

vers Bourg-Saint-Maurice

Via ferrata des Bettières • 14

Savoie • Tarentaise • Peisey-Nancroix

AD
D+
350
500
1910
0h10
1h30
1h00
S

Perchée dans les contreforts du mont Pourri, cette montagne mal nommée, la via des Bettières se trouve dans le vallon de Rosuel, aux portes du Parc national de la Vanoise, entre alpages et glaciers. Cette via se déroule en trois parties, chacune coupée par une échappatoire. Le passage en funambule sur le pont de singe de la deuxième partie est l'un des premiers de France, tandis que le surplomb final, évitable, est physique.

Accès : de Peisey-Nancroix dépasser le village et aller au bout de la route goudronnée, parking en face de la porte de Rosuel du Parc national de la Vanoise, vers 1 540 m. Suivre le sentier indiqué à travers champs jusqu'au départ, à gauche.

Retour :

– monter une centaine de mètres dans des pentes d'herbe pour retrouver le chemin d'accès au refuge du Mont-Pourri, que l'on descend pour revenir au parking.

– au dernier câble, il est possible de descendre directement sur la droite par un parcours équipé.

La 1re partie est facile, et une 1re échappatoire est possible. Continuer par la crête d'un pilier plus raide. Franchir le pont de singe, redescendre un peu et traverser vers le surplomb final, échappatoire à gauche. Gravir le surplomb et sortir par des dalles fracturées.

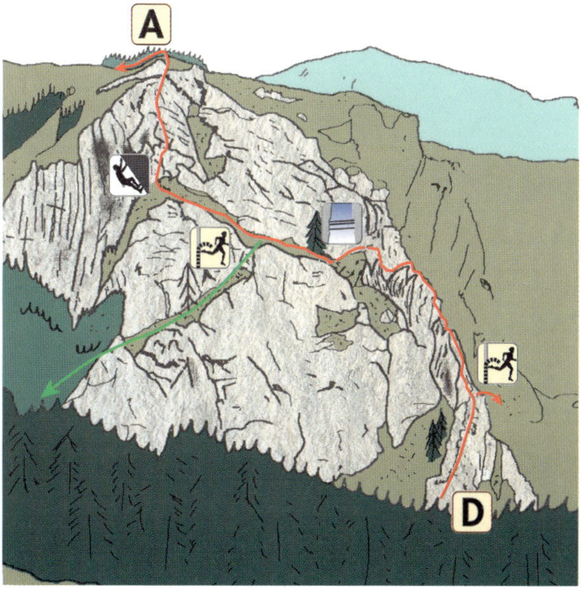
A
D

Carte IGN : Top 25 3532 ET
Infos : OT 04 79 07 94 28

PD AD | 350 | 900 | 1940
0h15 | 2h00 | 0h50 | S

Constituée de deux parcours distincts, la grande vire et l'arête, la via du Plan-du-Bouc est un itinéraire très abordable, au cœur des hauts sommets du Parc national de la Vanoise. À conseiller donc à toute la famille. Signalons toutefois, la descente assez longue.

PD — **Premier parcours** : à droite le sentier mène au départ de la grande vire que l'on traverse pour atteindre l'arête, jonction avec l'arête. Sortie par des petits ressauts, puis on rejoint le sentier du Plan-du-Bouc.

AD — **Deuxième parcours** : départ par l'arête à gauche, après une bonne vire câblée et une interruption. L'arête débute par un dièdre raide, puis des gradins, un petit mur et une rampe versant Champagny-le-Bas mènent à la jonction avec la grande vire. Sortie par des petits ressauts variés, et jonction avec le sentier du Plan-du-Bouc (retour).

Accès : de Champagny-en-Vanoise, prendre la route des gorges en direction de Champagny-le-Haut. À la sortie des gorges, parking près du barrage. La via se situe dans la grande falaise en rive droite. Un sentier part en face du barrage.
Retour : par un bon sentier reliant Champagny-le-Bas et Champagny-le-Haut.

Il est possible de faire une boucle, en montant par l'arête et en utilisant la grande vire pour revenir au parking (sans faire la dernière partie de l'arête).

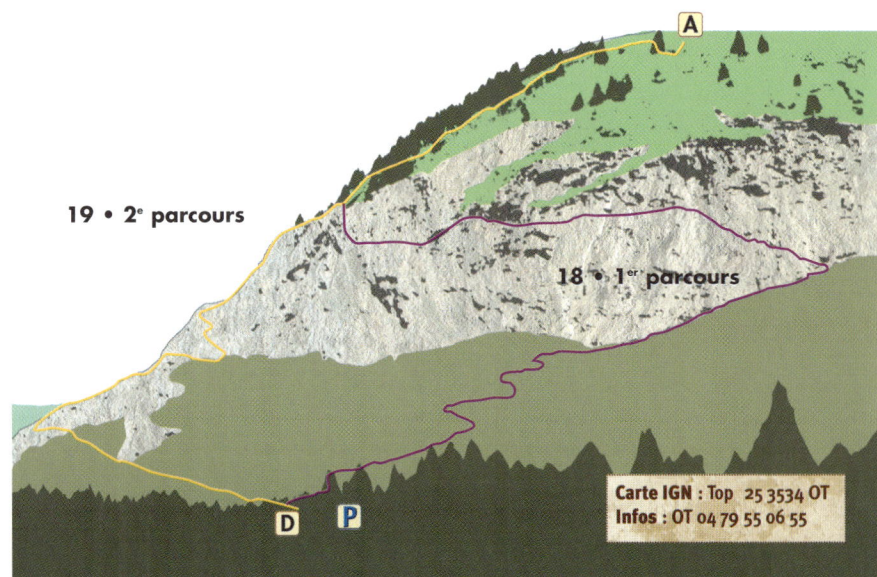

19 • 2e parcours

18 • 1er parcours

Carte IGN : Top 25 3534 OT
Infos : OT 04 79 55 06 55

Savoie • Tarentaise • Champagny-en-Vanoise

Délicieux coin de Vanoise, Champagny offre déjà deux itinéraires « famille ». Telle n'est point la vocation de celui-ci : court, exceptionnellement athlétique voire épuisant. Si vous avez trouvé le Surplomb de l'Ermite à Thônes trop bref, cette

ED 80 200 1370 0h10 **0h45** 0h10 S

via est faite pour vous. Dans tous les cas, vous risquez les crampes aux bras... Il reste la possibilité d'être encadré par un guide de haute-montagne, qui ne manquera pas de vous proposer des cours d'escalade si ce genre de via vous attire.

Accès : depuis Champagny prendre la direction de Champagny-le-Haut. Au Planay, prendre à droite une petite rue jusqu'au dernier parking sur l'ancienne route route de Bozel. Suivre le chemin jusqu'au départ de la via, qui se situe sous la route en encorbellement qui mène à Champagny-le-Haut. **Retour :** sentier balisé.

Démarrer à gauche d'une niche par un mur vertical, puis déversant avant de rejoindre la partie supérieure de la niche de départ. On enchaîne sur une traversée en dévers d'une vingtaine de mètres, avant un bref repos dans une section moins raide. Il faut alors gravir un dièdre déversant pour rejoindre une longue traversée ascendante. Un nouveau surplomb met ensuite les bras à mal, avant d'atteindre une poutre aérienne. Un mur permet de rejoindre le pont de singe lui aussi plutôt aérien. Un dernier passage en légère descente mène au sentier de retour, quelques mètres sous la route de Champagny-le-Haut.

À noter que si l'on veut enchaîner avec la via du Plan du Bouc, il faut poursuivre sur le chemin de montée, et arrivé au Plan des Mains, traverser la route et suivre le chemin balisé « via ferrata ».

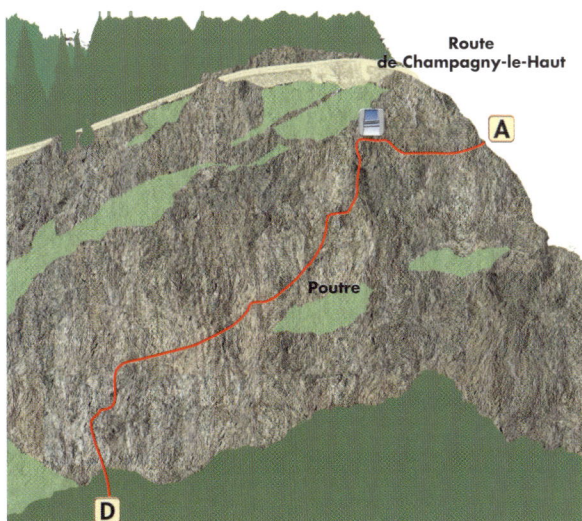

Route de Champagny-le-Haut

A

Poutre

D

Étant donné la raideur de l'ensemble, il est vivement conseillé de prendre des mitaines (pour éviter les ampoules aux mains), une longe (ou dégaine) courte pour se reposer, et enfin, l'encordement est recommandé. Par ailleurs, vu l'espacement parfois important entre les barreaux, nous déconseillons cette via aux personnes de petite taille.

Carte IGN : Top 25 3534 OT
Infos : OT 04 79 55 06 55

18 • Via ferrata du lac de la Rosière

PD | 80 | 600 | 1550 | 0h10 | 1h30 | 0h10 | E-O

C'est la deuxième via ferrata de Courchevel, qui s'adresse cette fois à toute la famille, petits et grands, débutants ou non. Bien adaptée pour l'initiation, elle est divisée en deux sections, surplombant et faisant le tour des eaux turquoises du lac de la Rosière.

La 1ʳᵉ partie débute par une traversée (la Calanque). Après un ressaut en descente, arriver au pied du pont de singe (échelle de l'échappatoire à droite, qui permet de rejoindre le pied du barrage). Le franchir, puis continuer à traverser. Après le jardin suspendu, un dernier ressaut mène à la fin de la 1ʳᵉ partie.

Prendre le sentier câblé, puis suivre le sentier à droite qui remonte vers le lac. Franchir un pont et, sur la rive droite du torrent, démarrer la 2ᵉ partie par l'échelle Bénite. Après une traversée, franchir le pont de Tafones. Une suite de traversées (dont la traversée des Embruns) conduit, après un dernier ressaut aérien, à la fin des difficultés.

Accès : du centre de Courchevel 1650, prendre la route du Belvédère, dans la première épingle prendre la piste des Fenêtres qui descend au Creux de Lac, 1 536 m. Du parking, rejoindre le chalet et suivre le sentier rive gauche du lac qui aboutit au départ de la via.
Retour : par une route forestière descendant au lac que l'on suit jusqu'au parking.

Carte IGN : Top 25 3534 OT
Infos : OT 04 79 08 00 29

Savoie • Tarentaise • Courchevel

Cette via consiste en la traversée des arêtes des Verdons, souvent très ludique, et même dolomitique puisqu'on y grimpe successivement plusieurs tours rocheuses, parfois impressionnantes, dans une ambiance très montagne.

D	250	1000	2739
0h15	2h00	1h30	E

Accès : à Courchevel 1850, prendre le téléphérique de la Saulire (se renseigner au préalable, il n'est pas ouvert tous les jours en été). À l'arrivée du téléphérique, descendre en traversée vers le nord. Un panneau blanc marque le début de la via.
Retour : 2 possibilités. Au choix : descendre un couloir d'éboulis (câbles) versant Courchevel, et revenir vers la station inférieure du Téléphérique (attention aux névés). Ou alors : un itinéraire câblé permet de revenir en longeant la paroi, à droite du Curé (côté Méribel) jusqu'au départ de la via (pour éviter le pierrier).

Démarrer dans des blocs avant de franchir une brèche (la Porte). Redescendre vers une tour, le Curé, que l'on gravit et que l'on redescend (très raide !). Atteindre ensuite plus facilement le col de la Croix, échappatoire possible, avant de traverser sous la face est du sommet sud. Gravir celui-ci par une belle envolée de dalles de 100 m de haut. Un petit col et quelques vires livrent l'accès à la croix des Verdons, 2 739 m.

Carte IGN : Top 25 3534 OT
Infos : OT 04 79 08 00 29

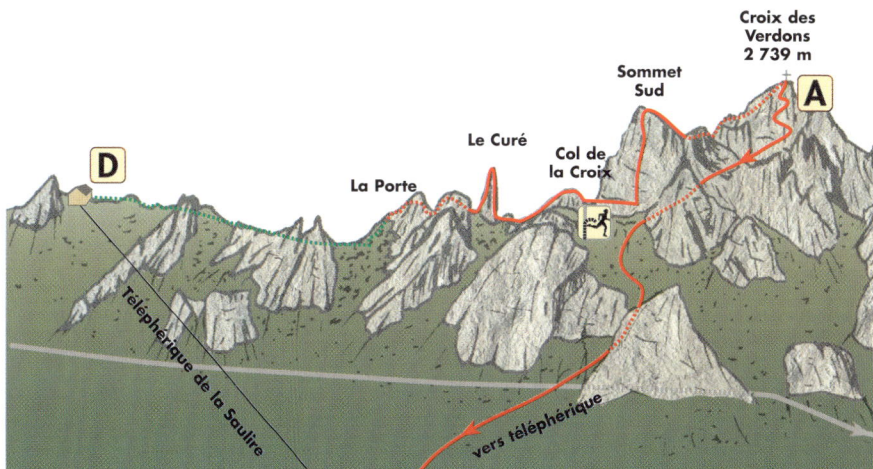

Savoie • Tarentaise • Pralognan-la-Vanoise

D	↗ 80	→ 300	⛰ 1580
0h05 〰	1h00	〰 0h15	N-O ☀

À l'écart des grandes stations, Pralognan est à 1 420 m d'altitude la capitale du Parc de la Vanoise. La via ferrata tient son nom de sa proximité avec la cascade de la Fraîche, alimentée par le torrent de la Glière. Cette via est certes très courte, mais c'est peut-être l'une des plus jolies de France, avec son pont suspendu entre granit orange et torrent impétueux. À vous de juger ; n'oubliez pas que certains passages sont impressionnants.

Franchir un 1er ressaut. De là, soit à droite dans un mur longeant la cascade, soit à gauche (plus facile, à emprunter si le débit de la cascade est trop gros). Des dalles mènent à un pont de singe.

Trois possibilités : a) grimper un ressaut vertical (sommet) ; b) suivre la rive droite du torrent par de belles traversées jusqu'à un pont de bois (1 575 m) ; c) traverser le pont de singe et aller jusqu'à la sortie 1 580 m.

Accès : de Pralognan, monter au Barioz, voir le panneau « Cascade de la Fraîche » (école d'escalade). Suivre les panneaux « via ferrata ».

Retour : de la sortie 1 580 m, un sentier à gauche rejoint le pont en bois. Du pont suivre le sentier jusqu'à des ruines, puis à droite (20 minutes).

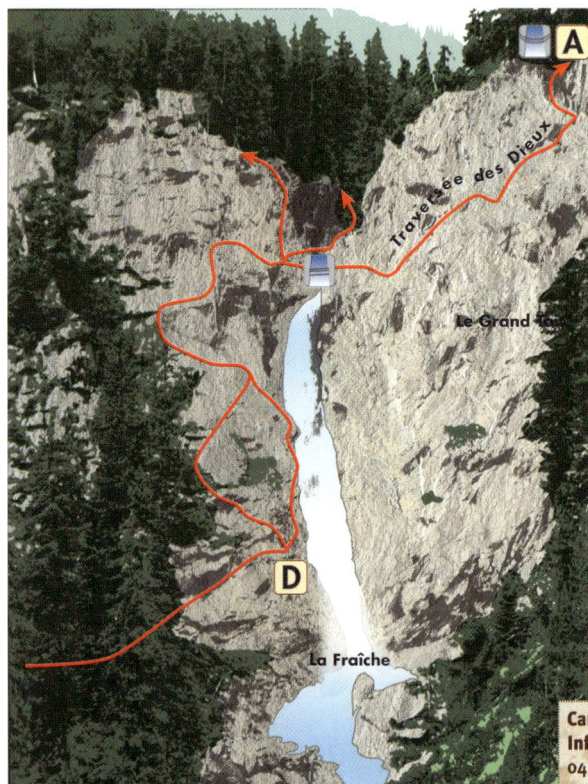

Carte IGN : Top 25 3534 OT
Infos : OT Pralognan,
04 79 08 79 08

La dernière via ferrata de la vallée vaut le détour. Plantée dans les paysages intacts de la Haute-Maurienne, elle propose des passages variés dans un niveau tout à fait abordable, le tout dans une ambiance montagne très bucolique. Après la via, allez donc flâner du côté du lac du Mont-Cenis...

AD | 100 | 400 | 1500
0h15 | 1h30 | 0h15 | S-E

Accès : depuis Lanslevillard, direction de Bonneval, à la sortie du village, se garer au sommet du grand parking à droite (vers le magasin « la Bricole-Antipodes ») et traverser la route : le départ est ensuite indiqué. Le sentier traverse les champs pour atteindre la falaise.
Retour : un sentier balisé ramène au point de départ.

La première partie se déroule dans la partie droite de la falaise. Démarrer par un petit mur auquel fait suite une traversée ascendante puis horizontale. Le surplomb suivant se gravit par une échelle facile mais impressionnante : une échelle à l'envers que l'on gravit face au vide. Remonter ensuite une série de dalles pour parvenir au sommet de la falaise. Suivre alors un court sentier à gauche qui conduit à la seconde partie. D'abord en traversée, la via franchit ensuite une passerelle de 20 m ; une dernière échelle et une dernière traversée conduisent au sentier de descente.

Carte IGN : Top 25 3633 ET
Infos : Mairie de Lanslevillard,
04 79 05 93 78

PD à TD — en traversée — 2000 — 1354

Située dans les gorges de l'Arc, cette via est en fait constituée de 8 tronçons distincts, combinables ou non, constituant chacun une via ferrata à part entière. Reliant les forts de l'Esseillon construits entre 1820 et 1832 (il est même possible de faire le tour du fort Victor-Emmanuel par 2 tronçons « enfants »), l'ensemble du parcours constitue le plus grand existant en France. Nouveauté 2006, le 8ᵉ tronçon, les Rois Mages, est de loin le plus gazeux. Mais attention, l'intégrale vaut TD et s'adresse donc à des ferratistes chevronnés.

Au départ du parking à l'entrée du fort, les via « Les Angelots » et « Les Diablotins », spécialement conçues pour les enfants et les débutants, permettent la découverte du fort Victor-Emmanuel. La via considérée comme intégrale au départ d'Arvieux commence par le Chemin de la Vierge. Mais il est bien sûr possible de prévoir une combinaison différente et plus courte au départ des deux autres parkings.

Les horaires, donnés pour chaque tronçon, se résument comme suit :

3/4 h pour la boucle classique (Anges, Montée au Ciel, Enfers et Purgatoire)

6/7 h pour la grande boucle (Chemin de la Vierge + boucle classique + retour sentier)

7/9 h pour la totale, grande boucle + via ferrata enfants Angelots et Diablotins.

Les accès :
Trois accès sont possibles, celui au départ d'Avrieux permettant la plus grande combinaison possible :
– parking du fort Victor Emmanuel sur la route d'Aussois (5 km après Modane). On traverse le fort pour commencer par La Descente aux Enfers.
– parking de la redoute Marie-Thérèse, sur la RN 6 en direction de La Norma. On démarre par la Traversée des Anges.
– parking bord de route vers Avrieux. Suivre la route en terre 200 m après le pont de l'Arc à la sortie d'Avrieux, 1,5 km avant la redoute Marie-Thérèse. Panneau via ferrata et VTT. Départ (seul possible pour faire ce tronçon) par le Chemin de la Vierge. Compter 10 minutes d'approche depuis la N 6.
Les retours :
– par l'un ou l'autre des tronçons au départ du fort Victor-Emmanuel ou de la redoute Marie-Thérèse.
– par un sentier au-dessus du Chemin de la Vierge pour revenir à Avrieux.

Description des tronçons, en boucle

D — **1h45** — **1100**

Le Chemin de la Vierge
L'itinéraire traverse toute la falaise surplombant l'Arc jusqu'à la cascade du Nant, franchie sur une passerelle. Auparavant une échelle à descendre à l'envers constitue le passage clé. Un peu avant la passerelle, un mur vertical de 15 m est lui aussi impressionnant. Une dernière traversée mène à la passerelle de la cascade du Nant, que l'on traverse. Ensuite, on rejoint la sortie de la Montée au Purgatoire, retour en 10 minutes à la redoute Marie-Thérèse (et retour par sentier) ou départ de la Traversée des Anges.

D · **0h45** · 360
La Traversée des Anges
De la redoute Marie-Thérèse, descendre au bord de la falaise et longer une barrière jusqu'au bout à gauche (le Chemin de la vierge arrive à cet endroit). Suivre une succession de vires descendantes et aériennes amenant au bord d'une grande baume surplombante. Une échappatoire permet ici de rejoindre le chemin du pont du Diable. S'engager ensuite dans une traversée aérienne. Descendre jusqu'à un dévers, suivi d'un dernier mur d'où l'on rejoint le pont du Diable.

D · **1h30** · 450
La Montée au Ciel
Du parking Marie-Thérèse, rejoindre par le chemin le pont du Diable, ou par la Traversée des Anges. Du fort Victor-Emmanuel rejoindre le pont du Diable par le chemin qui traverse le hameau de l'Esseillon. Débuter par une traversée qui passe sous le pont, puis se succèdent vires et petits murs. La deuxième moitié est plus athlétique, avec deux dévers. Une traversée finale mène au dernier mur puis au rempart du fort. De là, soit rentrer dans le fort par une lucarne, si on veut s'arrêter là, ou faire les deux via Angelots et Diablotins. Soit continuer...

D⁺ · **1h30** · 450
La Descente aux Enfers
et la Montée au Purgatoire (indissociables)
Du parking Victor-Emmanuel, traverser le fort et rejoindre la lucarne précitée. La Descente aux enfers commence facilement en traversée. Un sentier non câblé mène ensuite au bord de la falaise. Une vire aboutit à un passage très raide, qui mène à la passerelle des Enfers (20 m) au-dessus de l'Arc. S'engager dans la Montée au Purgatoire par des vires aisées, puis gravir des ressauts en dévers le long de la cascade du Nant (très athlétique). Pour finir, au choix : pour revenir à Avrieux (si l'on a fait le chemin de la Vierge, et la grande boucle), franchir la passerelle de la cascade, et prendre après celle-ci une sente à gauche qui ramène à Avrieux. En revanche, si l'on est garé au parking de la redoute Marie-Thérèse, ne pas franchir la passerelle de la cascade mais suivre à gauche le sentier.

TD⁻ · **1h00** · 300
Les Rois Mages
Du parking Victor-Emmanuel, emprunter le même départ que pour la Descente aux Enfers : après quelques minutes sur le sentier, on croise le panneau signalant le départ des Rois Mages. On atteint rapidement le long pont népalais appelé Gaspard. La via continue par une traversée avec de nombreux passages déversants. Puis, après une échappatoire possible, atteindre le pont Balthazar, très aérien. Une nouvelle traversée mène à la dernière passerelle, Melchior, la plus longue de France (83m !). La boucle est bouclée. Ensuite, soit rejoindre le fort, soit poursuivre par la Descente aux Enfers et la Montée au Purgatoire.

Savoie • Haute-Maurienne • Aussois

Les via ferrata du fort Victor-Emmanuel

PD | **1h00** | 🧒

Via ferrata des Angelots

Traverser le fort Victor-Emmanuel et descendre au fond de la salle des batteries basses. L'entrée se situe dans la meurtrière de gauche. La via monte le long du fort au pied du mur d'enceinte jusqu'au parking.

À signaler, la mini-via de l'École Buissonnière, pour les enfants, qui se trouve sur la route du Monolithe en partant d'Aussois. Niveau F. Deux petits monolithes reliés par un pont de singe, et des sapins (!) en guise de départ...

PD⁺ **1h20**

Via ferrata des Diablotins

Du parking aller à droite jusqu'au bord de la falaise. Suivre des vires, petits surplombs et passerelles. Rejoindre le pied du mur d'enceinte du fort, dans lequel on peut entrer par les meurtrières de la face sud. Remarque : c'est aussi l'arrivée de la Montée au Ciel et le départ de la Descente aux Enfers.

Redoute Marie-Thérèse

D/A

1ʳᵉ partie

La Traversée des Anges

Chemin de la Vierge

La Montée au Purgatoire

Carte IGN : Top 25 3534 OT
Infos : OT Aussois 04 79 20 30 80 ;
OT La Norma, 04 79 20 31 46.

PD · **D** · 680 · 1000 · 2250 · 1h00 · 2h00 · 1h00 · E-S-E

Voici l'un des plus beaux coins de la Vanoise (hors parc), sauvage et préservé, où se déroule la via ferrata d'Andagne, face à la pointe de Méan Martin, en deux parcours, à enchaîner ou non. Le premier, parcours Pierre Blanc, est une via ferrata dédiée aux enfants, tandis que le second, situé au-dessus du premier, se nomme parcours Guy Favre et serpente dans la barre rocheuse supérieure.

Suivre le sentier à travers champs.

PD **Parcours Pierre Blanc**, spécialement pour les enfants.

D Démarrer par la **via Guy Favre**, qui franchit une première barre rocheuse en ascendance à droite. À son sommet, possibilité de descendre (à gauche). Poursuivre par la vire du Greffier, en traversée à gauche, puis par des pentes d'herbe revenir à droite. On atteint le pied de la grande falaise, que l'on gravit d'abord directement. Une traversée à droite, puis on s'élève jusqu'au sommet.

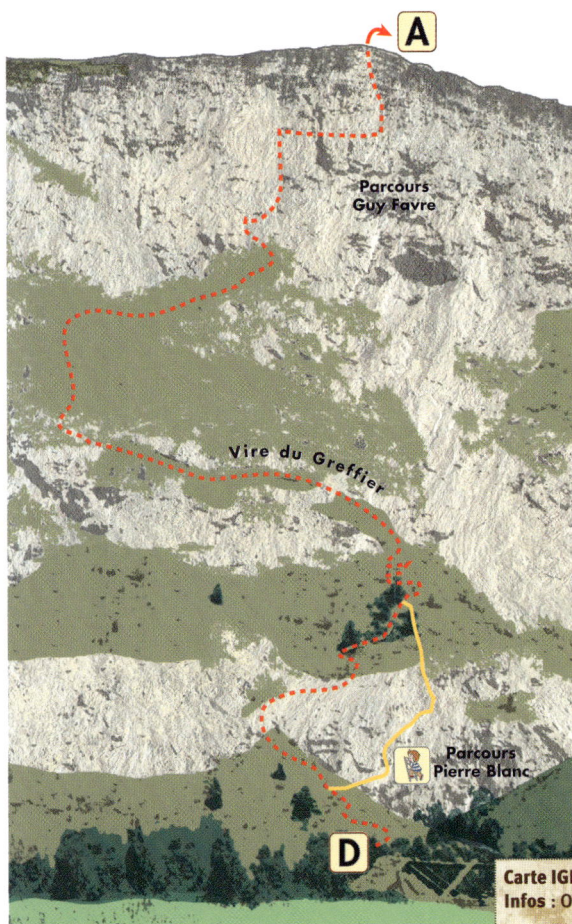

Accès : sur la route entre Bessans et Bonneval-sur-Arc, environ 4 km après Bessans, s'arrêter à la Balme Noire d'Andagne, à droite, parking et panneau via ferrata.
Retour : suivre le sentier à droite à travers les alpages, puis on redescend par des pentes raides (quelques câbles).

Carte IGN : Top 25 3633 OT
Infos : OT Bessans 04 79 05 96 52

Savoie • Maurienne • Valloire

La première via ferrata de Savoie est née ici, au pied du Galibier, dans cette vallée perchée entre Vanoise et Écrins. Cet itinéraire a tout pour plaire aux débutants : pas ou peu de difficultés, un cadre montagne, et surtout, une marche d'approche ridicule...

| PD | 200 | 600 | 1650 |
| 0h02 | 2h00 | 0h25 | S-E |

Accès : se rendre à Valloire, puis à la sortie du centre ville (direction Galibier), pancartes via ferrata. Parking de la Borgé (panneau) après le pont. Suivre le torrent puis un court sentier à gauche jusqu'à la falaise (panneau).
Retour : du hameau de Poingt Ravier, suivre (pancarte) le sentier éco-sylve, qui descend au milieu des épicéas et des mélèzes jusqu'à la route.

Suivre un premier câble qui franchit un dièdre ouvert. Après quelques ressauts, des dalles mènent à une vire ascendante à gauche. Ensuite, une succession de dalles et de petites traversées conduisent à une terrasse herbeuse. De là, deux possibilités. Soit à gauche (très facile), la variante de la Grotte. Soit à droite (plus intéressant), on rejoint les pylônes du sommet par des dalles et des croupes herbeuses. Suivre une rampe métallique qui rejoint le hameau de Poingt Ravier.

Carte IGN : Top 25 3435 ET
Infos : OT Valloire 04 79 59 03 96

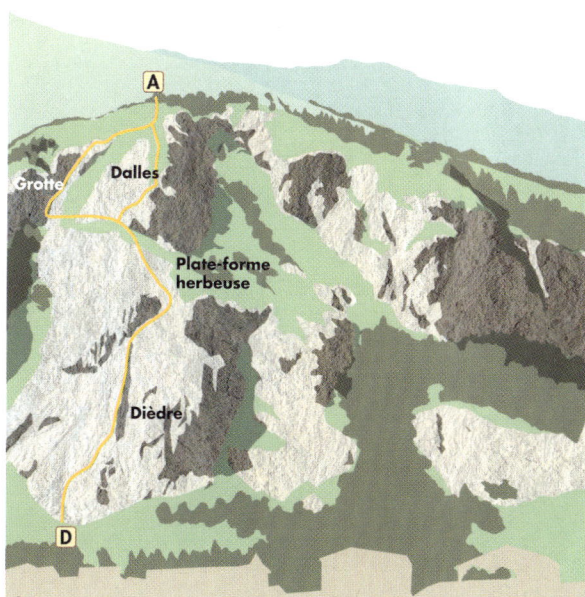

Il s'agit ici en fait de deux itinéraires distincts, de difficulté fort inégale, mais il est possible de n'effectuer qu'une seule des deux parties de cette grande via ferrata.

La première partie est très athlétique, et le surplomb de l'Échelle du Tichodrome est réellement physique, sans oublier un festival de passages aériens et parfois délicats.

Saint-Pierre I

TD	140	450	1582
0h02	2h15	0h20	S-O
	x 2		

Franchir une première barre rocheuse, puis un câble amène à la vire du Doute. Après celle-ci, il est possible de s'échapper par la sortie de Secours à droite, ou bien de suivre le sentier de la Forêt, câblé mais très facile. Sinon, suivre les panneaux « traversée plein gaz » : après celle-ci, on redescend sous la paroi jaune et surplombante par une vire. Franchir la zone très surplombante par l'échelle du Tichodrome et le dévers à Bras. Passages athlétiques. Une fois dépassée la croix sommitale descendre (passage physique) à la passerelle visible d'en bas. Après celle-ci, des échelons mènent plus bas dans une sorte de canyon, dont on remonte le bord gauche (très athlétique), avant de passer sur l'autre bord sur quelques mètres, et de sortir sur le flanc opposé (!) par une échelle en demi-tronc.

Accès : du parking de la Borgé à Valloire, ne pas prendre la passerelle qui franchit le torrent, mais suivre le chemin de la chapelle Saint-Pierre sur 100 m, en passant derrière le rocher de Saint-Pierre (suivre les panneaux). **Retour** : descendre sur le versant Valloire ou bien poursuivre par la 2ᵉ partie, la Saint-Pierre II.

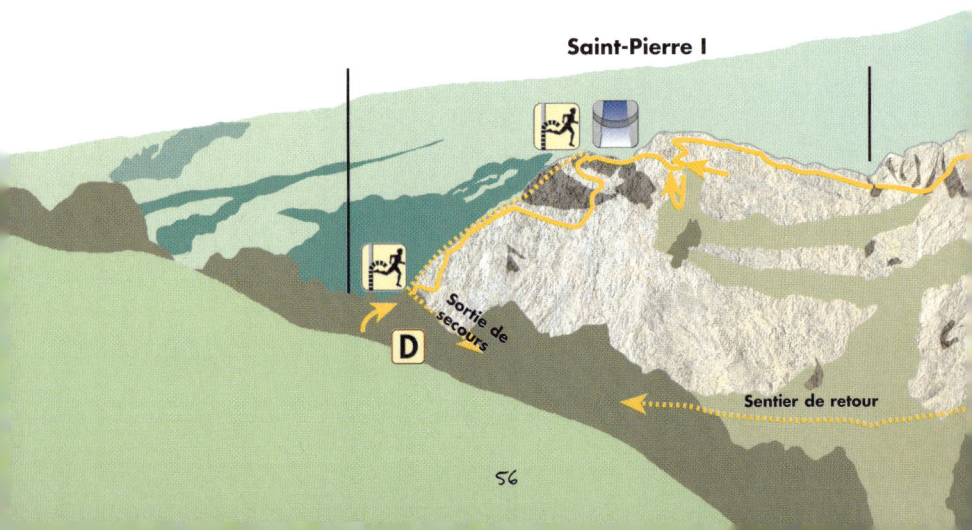

Saint-Pierre I

Le second itinéraire est quant à lui plus classique, avec toutefois des passages gazeux dont la fameuse Grande Passerelle. La Saint-Pierre 2ᵉ partie est donc à conseiller à ceux pour qui la Poingt Ravier semble trop facile et la Saint-Pierre 1ʳᵉ partie trop ardue. On peut aussi mixer l'itinéraire en sortant à la deuxième échappatoire pour atteindre le sommet de la croix par le sentier et poursuivre par Saint-Pierre II.

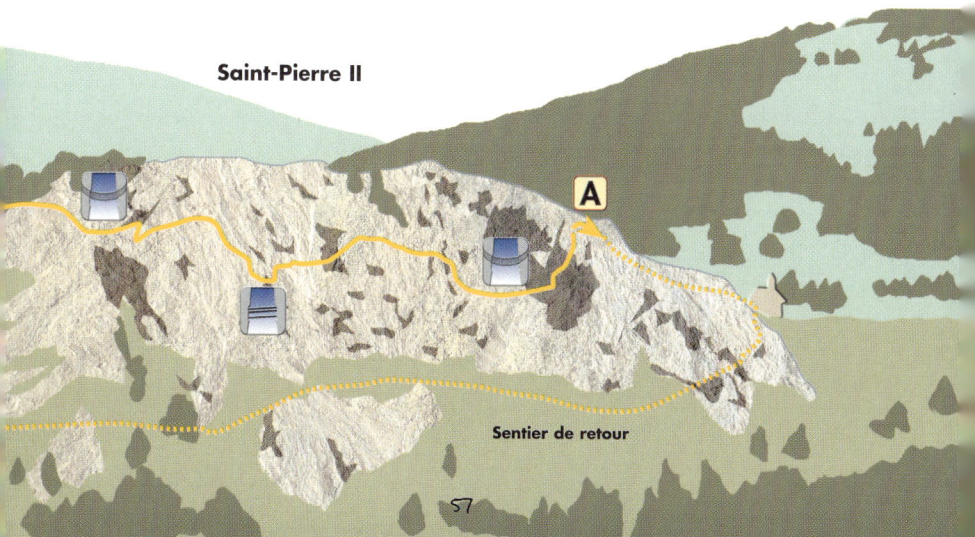

Accès : du parking de la Borgé, il faut monter au sommet du rocher Saint-Pierre, à la croix, d'où débute la seconde partie (panneau). Départ peu évident au ras du sol.
Retour : depuis la chapelle Saint-Pierre par le sentier qui longe la falaise sous la via ferrata rive droite du torrent.

AD⁺ 20 traversée 450 1570 0h02 **2h00** 0h20 S-O x 3

Saint-Pierre II

Après 30 m de crête (quand on vient de Saint-Pierre I), on bascule à nouveau dans la paroi... mais cette fois en descendant. Cette seconde partie offre en effet plus de descentes, en traversée notamment, que de montées ! Après une première passerelle, il faut descendre un mur vertical. Vires et traversée conduisent au pont de singe. Nouvelle traversée, on atteint la grande passerelle de 40 m. Un mur raide et une cheminée marquent la fin des difficultés. On passe par la chapelle Saint-Pierre pour le retour.

Carte IGN : Top 25 3435 ET
Infos : OT Valloire 04 79 59 03 96

Saint-Pierre II

A

Sentier de retour

Savoie • Maurienne • Pontamafrey-Montvernier

| D TD | 130 150 | 200 | 750 |
| 0h15 | 2h30 0h45 | | S-O |

L'ambiance bruyante de l'autoroute toute proche, le décor industriel... mais qu'est-ce qui attire donc les ferratistes dans les deux itinéraires de l'Adret ? Et bien, le premier permet de se balader le long d'une cascade et même de la traverser (la Passerelle), tandis que le second (le Bastion) est un itinéraire sportif et parfois déversant. Au total, une ambiance unique, vertigineuse et même athlétique...

La Passerelle

Remonter une série de surplombs sur le bord gauche (rive droite) de la cascade au moyen d'échelles à l'envers et de séries d'échelons. Traverser la passerelle suspendue le long de la cascade. On redescend face au village par un système de vires descendantes. Ensuite, retour à la voiture ou enchaîner avec le Bastion !

Le Bastion

Traverser à droite sous la falaise sur une centaine de mètres. Démarrer par une petite traversée, puis remonter un grand dièdre surplombant. Ensuite, une sorte d'arête en dévers constitue le passage clé de la via. On arrive sur une petite terrasse, puis un 3e ressaut très raide permet de finir par une dalle couchée et de sortir au sommet, près de la croix.

Accès : quitter l'autoroute A 43 à la première sortie de Saint-Jean-de-Maurienne et revenir sur Pontamafrey. Se garer sur un immense parking, panneau via ferrata, vers 510 m. Au fond du parking un chemin traverse à gauche en direction des lacets de Montvernier, longer la falaise jusqu'à trouver le départ de la via de la Passerelle, la plus à gauche.
Retour : par les lacets de la route de Montvernier. Ou par le sentier à l'est qui contourne la falaise et descend dans la gorge.

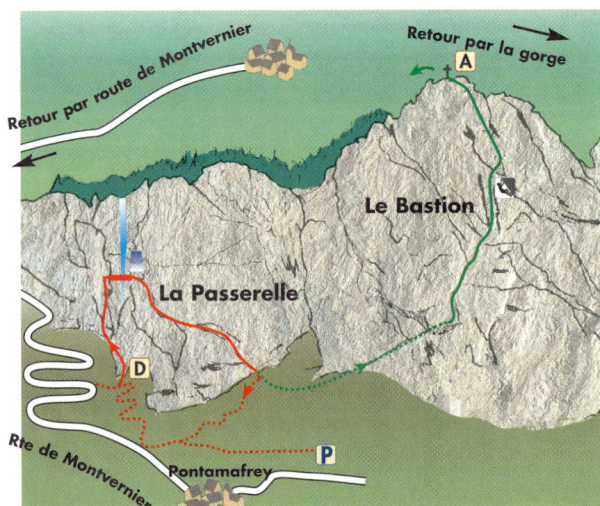

Libre à vous d'enchaîner les deux via...

Carte IGN : Top 25 3433 ET
Infos : OT Saint-Jean-de-Maurienne
04 79 83 51 51

Savoie • Maurienne • Saint-Michel-de-Maurienne

Perchée au-dessus de la Maurienne « industrielle », cette via ferrata propose pourtant une agréable balade ponctuée de panneaux d'information détaillant faune, flore et patrimoine. Un seul passage, vraiment gazeux, risque de vous laisser un souvenir… piquant.

D | 900 | 600 | 1610
2h00 | 0h45 | 1h00 | S

Cet itinéraire est fermé jusqu'à nouvel ordre, se renseigner à l'OT pour la réouverture.

Accès : sur l'A 43 sortie à Saint-Michel-de-Maurienne. Se rendre à Saint-Martin-d'Arc puis au hameau des Culées. Parking. **Retour :** soit par la route du col du Télégraphe, puis le sentier de la Serraz jusqu'aux Culées ; soit par un sentier qui part de l'autre côté du col (forêt de Bois Plan), et une route forestière dans le vallon de la Valloirette.

Du parking des Culées, monter par un sentier (balisé) en lacet en direction de deux pylônes bien visibles du bas. Avant ceux-ci, franchir des dalles câblées, puis, après ceux-ci, gravir un ressaut rocheux (niveau D), puis une arête. Une petite traversée câblée sur la droite et une nouvelle arête mènent à une partie « randonnée ». Un peu avant le fort, un passage câblé passe sous les remparts et permet de retrouver le col du Télégraphe sur la route de Valloire.

Il est possible également de partir du col du Télégraphe pour faire cette balade. Descendre par la forêt de Bois Plan. Une fois sur la route forestière, un premier panneau (via ferrata haute) permet de ne faire que la partie haute (niveau PD conseillé pour les enfants) alors que, presque en bas, sur ce premier sentier part à droite (2e panneau : départ via ferrata) : des câbles permettent de rejoindre les pylônes précités. ATTENTION : à ce jour, la partie haute est fermée pour réfection.

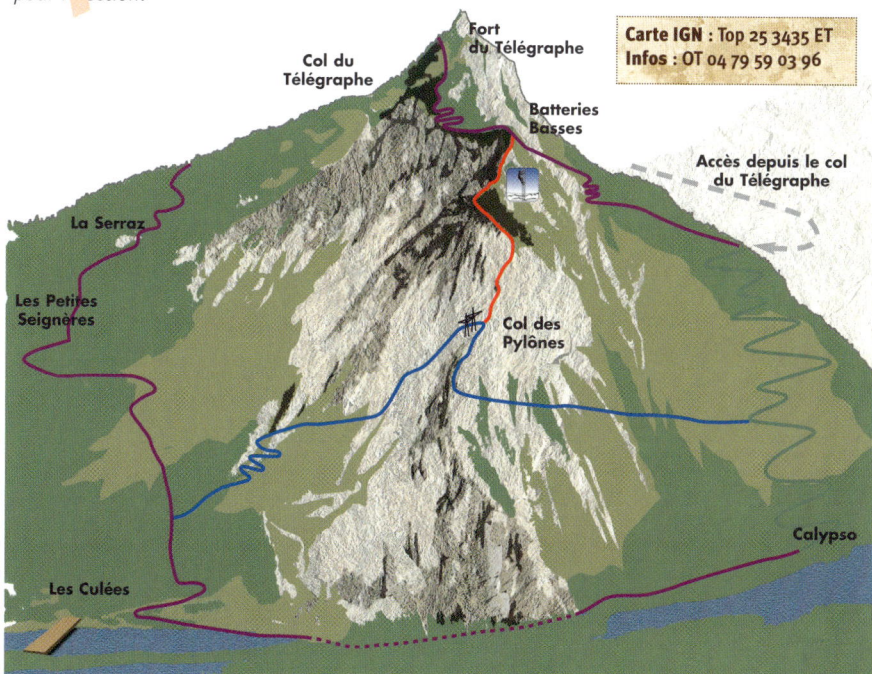

Carte IGN : Top 25 3435 ET
Infos : OT 04 79 59 03 96

37 • Via ferrata de Comborsière

Savoie • Maurienne • Arvan • Saint-Sorlin d'Arves

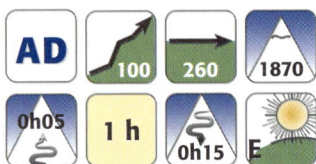

AD | 100 | 260 | 1870 | 0h05 | 1 h | 0h15 | E

La vallée de l'Arvan est l'une de ces vallées secrètes des Alpes, pourtant dominée par le fameux tryptique des Aiguilles d'Arves. Au-dessus du village de Saint-Sorlin d'Arves, non loin de la route d'un des cols les plus ardus qui soient pour les cyclistes (la Croix de Fer) se trouve une petite falaise qui domine la vallée : Comborsière. La via ferrata du même nom est courte, mais la vue est splendide, et on peut s'offrir en guise de dessert une tyrolienne de... 150m de long. Sensations garanties !

La via démarre par de petits pans inclinés sans difficultés. Plus haut, une traversée un peu délicate mène à une passerelle que l'on franchit pour gagner une croupe à gauche. Ensuite on peut franchir une deuxième passerelle, ou bien sortir directement. Dans l'autre cas, on fait un mouvement tournant à droite, en franchissant un surplomb (court passage athlétique) avant de sortir. Le départ de la tyrolienne est juste au sommet : poulie spécifique obligatoire (Tandem jaune Petzl par exemple).

Accès : par la Maurienne (ou la vallée de l'Eau d'Olle, par le col de la Croix de Fer) se rendre à Saint-Sorlin d'Arves. Du village, prendre la route du col du Glandon. Dans une épingle à gauche en montant se trouve un transformateur électrique et un panneau via ferrata : parking dans le virage. Suivre le sentier qui passe devant le transfo, on atteint Comborsière en quelques minutes.

Retour : sente évidente.

À noter, des voies d'escalade abordables sont équipées à gauche de la via ferrata.

Carte IGN : Top 25 3335 ET
Infos : OT St-Sorlin 04 79 59 71 77

Savoie • Maurienne • Saint-Colomban-des-Villards

À côté du parking de la via ferrata de la Chal, se trouve la via ferrata école du rocher Capaillan, réservée à des personnes débutantes et aux enfants. Parfaite pour l'initiation, elle offre les mêmes équipements que les « grandes » via, passerelle et pont de singe, mais en plus facile !

PD	40	100	1250
0h01	0h40	0h05	S-E

Accès : idem via de la Chal. La via école se trouve juste à droite au départ du sentier. **Retour** : évident.

Du panneau « via du rocher Capaillan », très pédagogique, la via ferrata débute par une traversée de 2 m, faisant suite à un petit pont de singe et à une barrière marquée « équipement obligatoire ». On peut aussi éviter ce départ. Ensuite, gravir une dalle en oblique, puis une traversée horizontale permet d'atteindre une passerelle. Un dernier ressaut plus raide achève la via ferrata.

Carte IGN : Top 25 3433 OT
Infos : OT 04 79 56 24 53

D 160 600 1500 0h15 2h00 0h30 S-E

Dans la vallée des Villards, accrochée au-dessus de la Maurienne sur les pentes du col du Glandon se trouve cette via ferrata fort sympathique, et même pionnière. En effet, la via de la Chal est l'une des premières via à avoir proposé un pont de singe (elle en comporte deux). Mais les montagnards en herbe sauront trouver d'autres raisons de rester dans cette verte vallée...

21 m x 2

La via démarre dans un petit dièdre ouvert. Suivre des ressauts assez raides et un bloc rocheux qui mènent à l'arête des Moulins. Franchir la passerelle des Chèvres. Après celle-ci, possibilité de s'échapper pour rejoindre en quelques minutes le sentier de descente. Sinon, continuer en traverser jusqu'à un 1er pont de singe (7 m), puis un 2e (15 m). Ensuite une vire amène à une série de traversées descendantes, avant de remonter la fissure Oblique, passage athlétique et peu évident (un ton au-dessus du niveau de la via). Continuer par une vire, puis par la dalle Noire. Un dernier ressaut et une dernière vire mènent à la fin des équipements.

Accès : Saint-Colomban est situé sous le col du Glandon. En venant de la Maurienne, poursuivre après Saint-Colomban jusqu'au hameau de la Chal (l'inverse en venant de Grenoble par le col du Glandon) : à la sortie se trouve un grand panneau via ferrata et un parking. Suivre le sentier qui amène rapidement au départ de la via.
Retour : suivre au nord-est un sentier (« Descente du Reposeu ») qui ramène par-dessus la falaise au parking.

Carte IGN : Top 25 3433 OT
Infos : OT 04 79 56 24 53

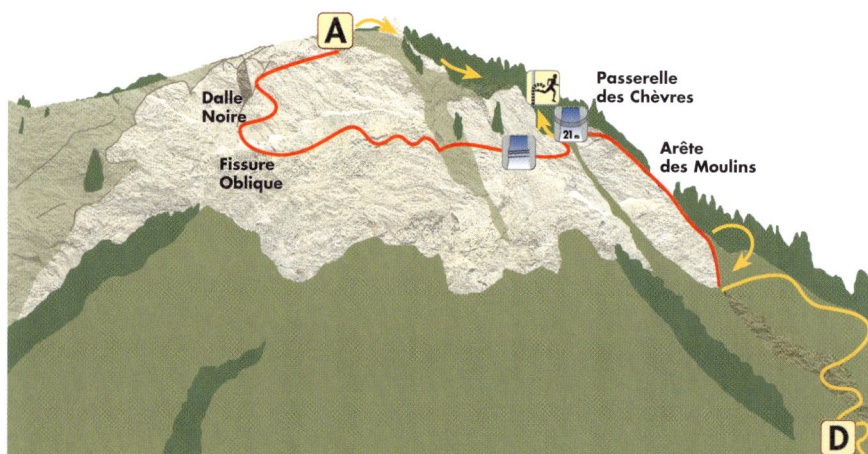

Dalle Noire
Fissure Oblique
Passerelle des Chèvres
Arête des Moulins
A
D

Savoie • Bauges • Chambéry

L'ancien parcours a été démonté et ce sont deux itinéraires distincts et nouveaux qui ont vu le jour en 2005. Le premier, baptisé P'tchi est un itinéraire varié, parfois aérien mais jamais difficile. Le second, la Grotte à Carret, a désormais le titre de « via la plus dure de France ». Autant le dire tout de suite : le dévers est très long ; les barreaux – parfois de simples « poignées » – sont souvent fort éloignés, et l'ensemble s'avère extrêmement athlétique. Pour éviter de rester bloqué (comme cela arrive malheureusement), ne vous engagez dans ce parcours que très entraîné, avec une longe courte en sus, et, pourquoi pas, les services d'un guide de haute montagne. L'encordement et la connaissance des manœuvres d'assurage sont vivement recommandés.

Accès : se rendre à Saint-Jean d'Arvey ou aux Déserts.
– Depuis le bas par Saint-Jean-d'Arvey. Parking de la Lovettaz (30 places). Environ 1h00 depuis le parking pour accéder aux falaises de la Doriaz.
– Depuis le haut par Les Déserts. Parking de la Doriaz (20 places). 1h00 de marche d'approche jusqu'au pied de la falaise. Cet itinéraire en balcon vous invite à découvrir le cirque de la Doriaz.
Retour :
– pour parking de la Doriaz, compter 25 min ;
– pour parking de Lovettaz, compter 1h30.

« Le P'tchi »

Cet itinéraire comporte une succession de passages aériens mais pas trop athlétiques avec des portions où il sera possible de se reposer… L'œil à Carret est l'une des curiosités historiques sur votre parcours avant de laisser place au dernier ressaut.

S'il vous reste des forces, vous pourrez bifurquez vers l'itinéraire de la « grotte à Carret », le « trottoir à Jules » vous mènera alors plein gaz au belvédère du rocher de Charvettan, émotions garanties…

D | 255 | 450 | 1300
1h00 | 2h00 | 0h25 à 1h30 | S-E

« Grotte à Carret »

Réservé aux pratiquants expérimentés, cet itinéraire avec des passage vertigineux et athlétiques nécessite des qualités de grimpeur et une bonne condition physique.

Départ en grotte, poussée de l'arche, ascension de grandes dalles grises, passage d'ateliers variés (pont de singe, poutre à pied, pont tibétain, atelier original du « Grand toit »), vous ne serez pas déçu !

ED⁺ | 245 | 450 | 1300
1h00 | 1h40 | 0h25 à 1h30 | S-E

Carte IGN : Top 25 3332 OT
Infos : OT 04 79 25 80 93

Si vous êtes tentés par un itinéraire original, reliant le P'tchi et la partie supérieure de la Grotte à Carret, empruntez, avant la sortie du P'tchi, le « Trottoir à Jules », une vire commode. La sortie par le dernier mur de la Grotte à Carret donne à cet ensemble hétérogène, mais sympathique, une cotation autour de TD.

PD | 100 | 300 | 1050

0h10 | 1h00 | 0h08 | S

Il s'agit d'un itinéraire comportant trois parties distinctes pouvant être réalisées séparément. Cette via a une vocation d'initiation, l'espacement faible entre les barreaux ayant été pensé pour les enfants. Elle propose dans un espace relativement restreint un cocktail comprenant toutes les facettes de l'activité : passerelle, surplomb, pont de singe, et même tyrolienne (en option !) pour les amateurs équipés d'une poulie.

Démarrer par une brève traversée, puis une échelle assez raide. Une vire, un petit mur puis des gradins inclinés donnent accès au premier pont népalais de 8 m. Traverser la dalle qui fait suite, fin de la première partie. Le sentier de liaison amène au secteur suivant, une traversée facile de 80 m. On atteint le 3e secteur, une falaise surplombante où il y a plusieurs possibilités. Soit descendre en empruntant un petit pont en bois. Soit franchir le petit surplomb à droite et traverser sous les gros surplombs, ce qui amène au départ du pont de singe de 12 m. Pour y parvenir, on peut aussi prendre le pont de bois pour éviter le surplomb. Ensuite, au choix : sentier de retour, ou tyrolienne « d'entraînement » (nécessite une poulie adaptée) juste en dessous.

Accès : se rendre à Aillon-le-Jeune, puis à la station d'Aillon. Monter se garer au lotissement de la Manse, à gauche (nord) en arrivant. Prendre le sentier qui monte à droite au bout du parking, en laissant le chemin qui part tout droit. Après quelques lacets, prendre à gauche pour arriver à la grotte du Nant de Rossane, au départ de la via.
Retour : sente évidente puis sentier d'accès.

Carte IGN : Top 25 3432 OT
Infos : OT 04 79 54 63 65

Savoie • Chartreuse • Saint-Pierre d'Entremont

Première via de Chartreuse (si l'on excepte la via de Crolles, tournée vers le Grésivaudan), la via de la Roche Veyrand se déroule en deux parties, dont l'enchaînement ne décevra pas les aficionados. Itinéraire de grande classe mais pas trop long, cette via utilise des zones de calcaire gris qui comptent parmi le meilleur rocher de Chartreuse… et qui offre de belles envolées parfois gazeuses, et physiques. Au sommet, jetez un œil au magnifique pilier à gauche, théâtre d'une escalade difficile ouverte en… 1966.

AD+
TD
670
800
1300
0h40
3h00
1h30
S-O

Accès : à Saint-Pierre d'Entremont suivre le panneau « via ferrata ». Depuis le grand panneau informatif au parking, prendre un sentier balisé qui mène au départ.
À noter qu'il est possible d'accéder au départ de la via depuis Corbel et les Fiolins (par le pas de la Coche : compter 1h15 d'accès total, retour par le Clappier en 1h45).
Descente : retour par la Fracette sur Saint-Pierre d'Entremont par un bon sentier.

AD+

Première partie : on remonte tout d'abord un pilier coupé par le « Pont de Dolmen » (une poutre) avant de remonter une série de petits murs de plus en plus raides, entrecoupés par une passerelle. Avant de s'engager dans la 2e partie une échappatoire permet de rejoindre un chemin de descente (ou même de poursuivre facilement jusqu'au sommet).

TD

Deuxième partie : on démarre par une passerelle assez impressionnante (baptisée du « Pas de la Frousse »), d'où l'itinéraire se poursuit en traversée vers la gauche, de grotte en grotte. Ensuite on franchit un mur doté de belles cannelures grises avant de gravir un surplomb aussi athlétique que gazeux en plein milieu de la paroi. La sortie se dévoile ; il est possible de monter au sommet de la Roche Veyrand ou bien de redescendre directement.

Roche Veyrand

Saint-Pierre par la Fracette

A

Pont des Balmes

Passerelle du Pas de la Frousse

Passerelle du Pas Loquace

Pont du Dolmen

Carte IGN : Top 25 3333 OT
Infos : OT Vallée des Entremonts 04 79 65 81 90

D

— 2e partie TD
— 1re partie AD+

Corbel

Saint-Pierre d'Entremont

Isère

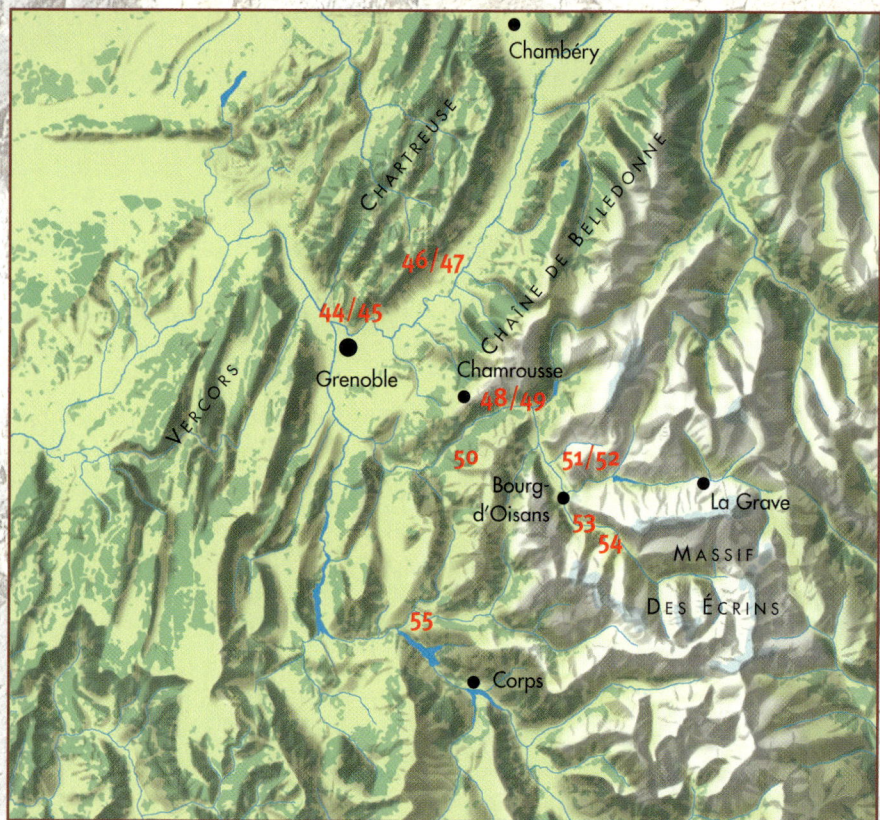

44/45 • Les Prises de la Bastille

46/47 • Les via de la Cascade de l'Oule : les Lavandières, le Grand Dièdre et nouveau tronçon

48/49 • Les via ferrata de Chamrousse

50 • Via de la Cascade

51/52 • La Découverte et la Sportive

53 • Via ferrata des Perrons

54 • Via ferrata de Saint-Christophe

55 • Les via ferrata du lac du Sautet

Isère • Grenoble

La via ferrata la plus urbaine de France est parfois victime de son succès tant il y a de monde les week-ends de printemps. On vous conseillera donc ce parcours en semaine pour profiter de la vue imprenable sur la ville. Mais

AD⁺ à TD | **237** | **450** | **435**
0h05 | **2h00** | **0h20** | **O**

attention, cette via recèle quelques difficultés et son parcours intégral n'est pas à la portée de tous. Les débutants et les enfants encadrés pourront se satisfaire de la première partie (AD+) avant de revenir, plus expérimentés, pour la seconde (D à TD).

Accès : se rendre au n° 22 de la route de Lyon (après la Porte de France), au pied des fortifications de la Bastille. Le portail d'accès est en principe ouvert de 9 h à 18 h, mais il est prudent de se renseigner au Bureau info montagne. En quelques secondes, on atteint le pied de la via ferrata, où se trouve un équipement au ras du sol qui permet de tester son matériel (mini via de 30 m).
Retour : de la porte antipanique (à refermer après votre passage), suivre les escaliers pour redescendre en ville par le jardin des Dauphins. On peut aussi monter au sommet de la Bastille et redescendre par le téléphérique. Attention : si l'heure est très tardive, les portes du site de la Bastille peuvent être fermées, et vous pouvez vous retrouver enfermé. Une porte reste en principe toujours ouverte à l'extrémité droite (en descendant) du parc Guy-Pape.

AD⁺

Démarrer par un pilier d'une vingtaine de mètres, avant de traverser à gauche pour franchir un pont de singe de 13 m. Continuer à traverser, passer un pont en bois. On rejoint par un passage aérien la grande passerelle de 25 m. Peu après celle-ci, passer une terrasse avant une brève descente et un pont de 5 m en demi-tronc. Fin de la 1re partie et arrivée dans le parc Guy-Pape, qui constitue une échappatoire recommandée en cas de fatigue.

D à TD

Pour la 2e partie, suivre le sentier balisé. Départ par un mur raide et « dissuasif », puis une traversée amène à une terrasse. De là, soit monter droit (plus facile), soit à droite suivre l'itinéraire « original », plus difficile avec des passages athlétiques. Une 2e échappée permet d'éviter la traversée déversante finale. Au niveau de l'échauguette, l'itinéraire de droite (original) rejoint la variante au parapet du fossé de la fortification. Suivre le sentier, puis on finit par un mur vertical qui débouche dans la casemate.

Infos : Bureau info montagne
04 76 42 45 90

D

270   800   930

0h20 à 1h00   **3h00**   1h15   **S-E**

Pôle national de vol libre avec Saint-Hilaire-du-Touvet, la ville de Crolles, à deux pas de Grenoble, a continué à développer son côté « montagne » en créant ces deux itinéraires de via ferrata. L'un est accessible, l'autre est réservé à des personnes très entraînées et/ou encadrées, mais les deux permettent de gravir la fantastique falaise défendant l'accès aux plateaux de Chartreuse, avec une vue magnifique sur le massif de Belledonne.

Le départ de via de la Vire des lavandières et du Grand Dièdre est commun : c'est le pilier du Belvédère, et ses quelques passages en dévers.

Vire des Lavandières : une fois franchi le pilier du Belvédère, prendre à droite (au nord) en contournant la cascade. Suivre la vire dite des Lavandières, suivie d'un mur raide. Puis continuer par le chemin de Ronde jusqu'au sommet de la Grande Cascade, où l'on sort par l'échelle des Maquisards.

Accès : se rendre à la gare du funiculaire du Touvet. Emprunter celui-ci, ce qui réduit l'approche à 20 minutes en descendant à l'arrêt intermédiaire. Deuxième solution : partir à pied d'en bas (1 h), par le sentier du Pal de Fer qui démarre juste derrière le funiculaire. Le sentier monte régulièrement avant de traverser à gauche pour rejoindre le pied de la falaise et du pilier du Belvédère. **Retour :** par le funiculaire ou le sentier du Pal de Fer.

49 • Le Grand Dièdre   **48 • La vire des Lavandières**

Échelle des Maquisards

Échelle de l'Enfer   **A**

Sangle Chourère

Échelle des Martinets

Chemin de Ronde

Grande Cascade

Grand Dièdre

Vire à Vélo

Vire des Lavandières

Pilier du Belvédère

Carte IGN : Top 25 3334 OT
Infos : ville de Crolles, 04 76 08 04 54
Gare du funiculaire : 04 76 08 00 02

Isère • Grésivaudan • Crolles

Le Grand Dièdre est l'un des deux ou trois itinéraires de via ferrata les plus difficiles décrits dans cet ouvrage. Bien que située en basse vallée et non en terrain montagneux, cette via de conception très récente peut constituer un défi pour nombre de ferratistes. Encore une fois, le plaisir ne viendra que d'un entraînement certain et de l'expérience préalablement accumulée. Ajoutons que le Grand Dièdre réserve une section en dévers dont certains grimpeurs, pourtant habitués, gardent un souvenir dans les bras. Enfin, le caractère vertigineux du parcours pourra en laisser certains pantois. Tout est aujourd'hui possible en matière de ferrata, même les itinéraires les plus compacts et/ou en dévers. Vous êtes prévenus...

Accès : idem vire des Lavandières.
Retour : une fois la via sortie, pour rejoindre Saint-Hilaire (funiculaire ou sentier du Pal de Fer), ne pas prendre le chemin montant à gauche mais bien celui tout droit, en légère descente qui rejoint la sortie de la via des Lavandières, puis remonte à l'aire d'envol des parapentes.

Le Grand Dièdre : une fois franchi le pilier du Belvédère s'engager à gauche (au sud) et suivre la vire à Vélo. On parvient au pied du Grand Dièdre, que l'on gravit : terrain déversant, très athlétique et continu. Puis l'échelle des Martinets livre l'accès au sangle Chourère (une vire) que l'on suit. Dernière difficulté : l'échelle de l'Enfer, que l'on grimpe... face au vide.

Accès depuis Saint-Hilaire : depuis 2004 il est désormais possible de faire une boucle plus facile, spectaculaire mais niveau PD+ en partant de Saint-Hilaire du Touvet. Depuis le sentier qui descend à gauche du funiculaire (accès depuis la gare d'arrivée), une passerelle permet de franchir le funiculaire et de rattraper le chemin de ronde, la grande vire qui traverse toute la paroi. Au niveau de l'échelle des Maquisards, il est possible de rester sur la vire pour rejoindre le sangle de Chourère et de sortir par l'échelle de l'Enfer. À noter également, la nouvelle sortie de secours juste après la vire des Lavandières, avant le passage raide.

Accès depuis Saint-Hilaire

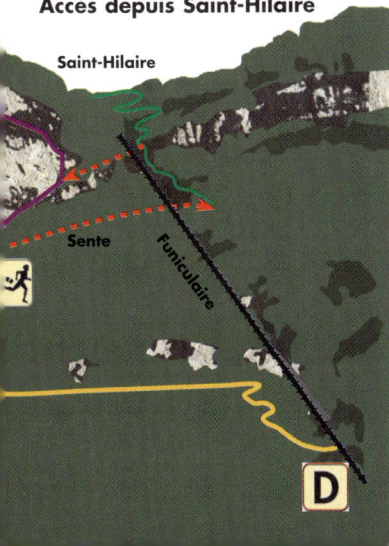

Saint-Hilaire

Sente

Funiculaire

D

Au sommet de la Croix de Chamrousse, dans le massif de Belledonne, c'est en fait deux via ferrata qui vous attendent. La première (et la plus récente), celle des Lacs Robert, se déroule au-dessus des eaux bleutées des lacs du même nom. La seconde, celle des Trois Fontaines, est une grande traversée aérienne

AD | 150 | 300

0h15 à 1h30 | **1h30** | 0h15 à 0h45

2200 | E

Lacs Robert

Le 1er passage est raide, avec un pas légèrement surplombant ; après la via traverse sur la gauche et l'on atteint la passerelle. Une fois franchie, l'itinéraire se redresse, jusqu'à un replat. Ensuite la dernière partie est sans difficulté. Retour sur la Croix de Chamrousse en 15 minutes (balisage / panneaux en bois) ou enchaînement avec les Trois Fontaines.

Accès : depuis Chamrousse, prendre le téléphérique (7€) ou monter à pied à la Croix de Chamrousse. Du sommet, pour la via des Lacs Robert, descendre la piste des lacs Robert (au nord-est). La via se situe dans les rochers rive gauche, départ sur un pilier (ne pas descendre jusqu'au lac !). Pour la via des Trois Fontaines, depuis le sommet de la Croix de Chamrousse il faut traverser le plateau sommital (direction sud-est) puis descendre par un sentier pour atteindre la crête, sous laquelle démarre la via. **Retour :** en téléphérique ou à pied (possibilité de descendre via les lacs Robert – sentier GR® plus long mais magnifique).

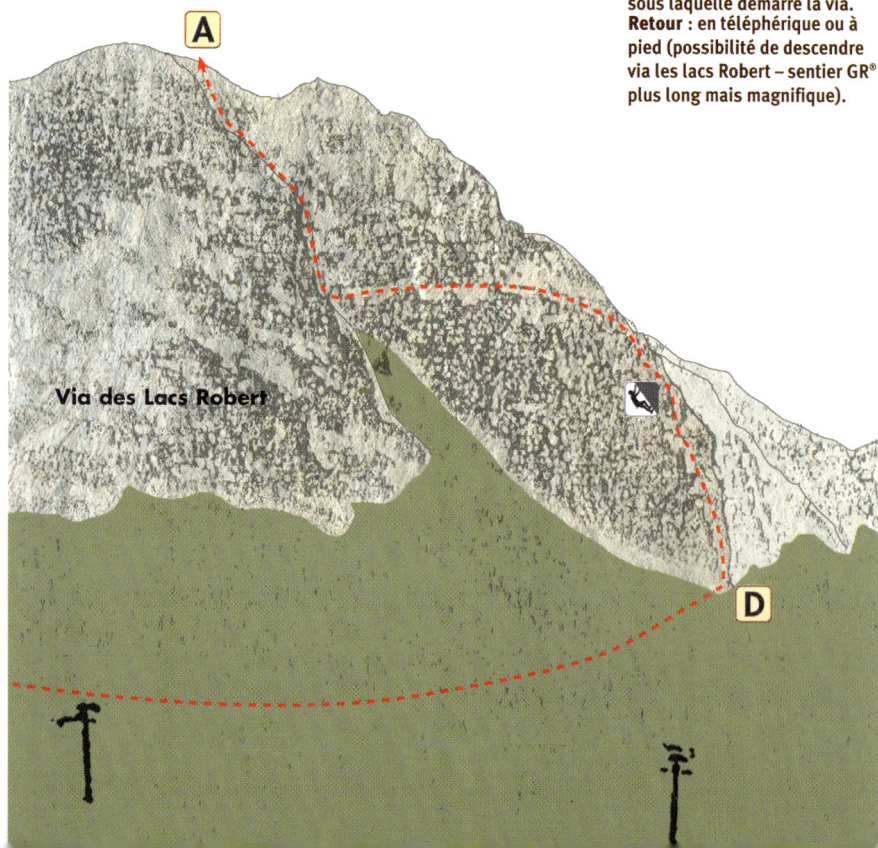

Via des Lacs Robert

en trois parties entrecoupées d'échappées, avec un pont de singe redoutable dans la 2e partie. Les deux via ferrata peuvent s'enchaîner sans problème dans la journée si vous êtes un peu entraîné.

Trois Fontaines

Celle-ci est en 3 parties. Suivre une vire presque horizontale, qui permet d'arriver dans la face dominant le lac Achard. Continuer par une succession de traversées qui conduisent à un premier couloir d'éboulis. Échappée possible et fin de la 1re partie. Pour la seconde, poursuivre par des gradins jusqu'au plateau, avant de descendre par de raides échelons au pied d'une petite face, que l'on traverse par une série de montées-descentes. On arrive au passage-clé : le pont de singe. Une fois celui-ci franchi, (échappée possible sur le plateau), continuer par trois petites passerelles. Une traversée mène au pont népalais, puis une fissure « renfougne » et une dernière montée conduisent au plateau, à deux pas de la table d'orientation.

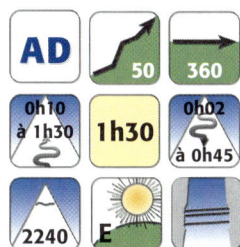

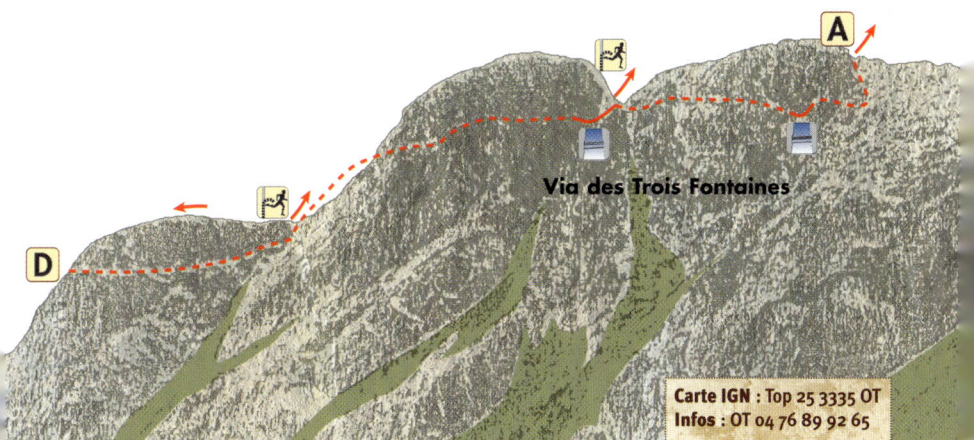

AD | 50 | 360
0h10 à 1h30 | **1h30** | 0h02 à 0h45
2240 | E

Via des Trois Fontaines

Carte IGN : Top 25 3335 OT
Infos : OT 04 76 89 92 65

Isère • Taillefer • L'Alpe-du-Grand-Serre

PD 240 450 1620 0h02 **1h30** 0h40 **S-O**

Si vous rêvez de grands frissons et de « bouteilles au bras » comme disent les grimpeurs, ce n'est pas la via qu'il vous faut. En revanche, si vous voulez emmener enfants et amis dans un itinéraire ludique, rafraîchissant et parfait pour l'initiation, la via de la Cascade est idéale ! Moult passerelles et petits ponts (trop peut-être...) permettent de s'amuser à traverser la cascade, le tout au prix d'un cheminement qui reste toujours facile. Une fois au sommet, toute la famille pourra admirer le paysage qui s'étend de l'Armet à la barrière orientale du Vercors.

La via démarre rive gauche de la cascade. L'itinéraire est constitué de différentes parties entrecoupées de trois échappatoires et de beaux belvédères. On commence par une succession de passerelles et de poutres (1re échappée), puis une série de dalles faciles et un petit éperon mènent à la 2e échappée. Continuer par un passage un peu plus raide pour atteindre un nouveau belvédère, traversé par le sentier GR®. On peut poursuivre par le dernier ressaut pour atteindre le sommet.

Accès : à l'entrée de la station de l'Alpe-du-Grand-Serre, prendre à droite direction « station-centre » ; dépasser la mairie et un peu après prendre à gauche direction la cascade. Parking et panneau « via ferrata », le départ de la via se trouve à 400m du parking.
Descente : par un sentier balisé, qui rattrape le GR® 50.

Il existe une école d'escalade parfaite pour les débutants à gauche (on passe dessous en descendant).

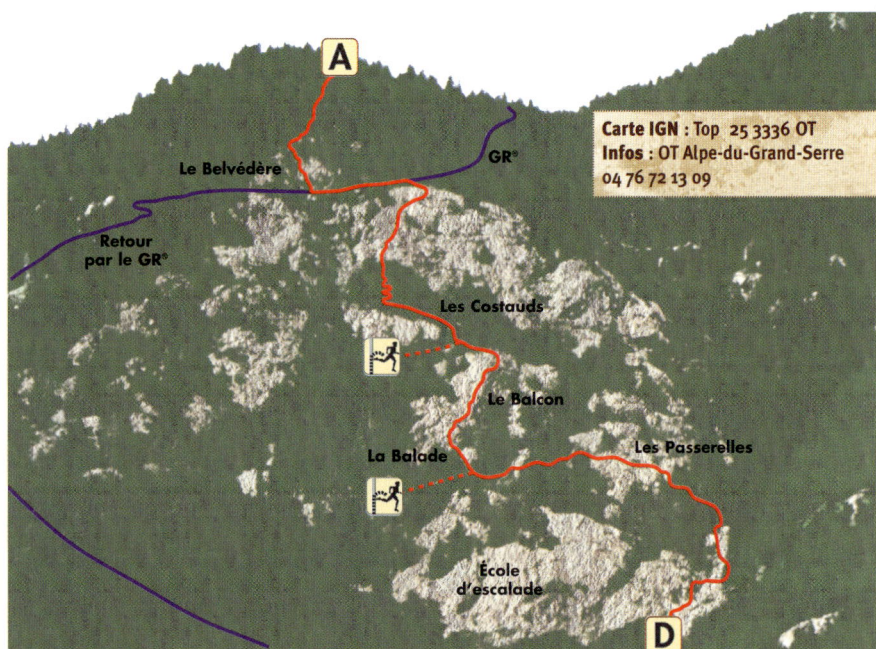

Le Belvédère — GR®
Retour par le GR®
Les Costauds
Le Balcon
La Balade — Les Passerelles
École d'escalade

Carte IGN : Top 25 3336 OT
Infos : OT Alpe-du-Grand-Serre
04 76 72 13 09

A

D

La Découverte et la Sportive • 51/52

Isère • Grandes Rousses • L'Alpe-d'Huez

Au cœur du massif des Grandes Rousses, l'Alpe-d'Huez est surtout connu l'hiver pour ses hors-pistes majestueux face aux massifs de l'Oisans et de Belledonne. Voici l'occasion d'y venir en été, avec le parcours de l'une de ces deux via

AD à D | **180** | **300** | **1855** | **0h30** | **1h30** | **0h05** | **S**

ferrata : la Découverte est un itinéraire parfait pour les débutants, tandis que la Sportive contentera les plus aguerris.

Accès : se rendre à l'altiport de l'Alpe-d'Huez, à droite à l'entrée de la station. Suivre la route du col de Sarenne sur 1,5 km, passer sous le télésiège du Charvet. Parking et panneau via ferrata. Descendre au fond des gorges de Sarenne par une large piste. Rejoindre à droite le panneau d'information, puis le départ commun aux deux via en quelques minutes.
Retour : en 5 minutes, on rejoint le parking !

AD — Via ferrata des Gorges de Sarenne : la Découverte

L'itinéraire Découverte part à droite. Suivre des vires ascendantes, puis un petit ressaut. Suivre de nouvelles vires en diagonale de droite à gauche et arriver sur une vire. On croise la Sportive. Traverser à gauche avant de gravir un mur plus raide (échappée possible à gauche). Ensuite, l'itinéraire est une succession de ressauts rocheux entrecoupés de vires herbeuses, fin à 1 810 m.

D — Via ferrata de Pierre Ronde : la Sportive

Située dans la même facette que la Découverte, cette via suit un cheminement plus direct et nettement plus difficile, coupant la Découverte dans sa première moitié.

Du départ commun aux deux via, commencer par un mur vertical mais aisé, puis une vire et un nouveau mur. Après un nouveau ressaut, on croise la via Découverte qui vient de la droite pour repartir à gauche. On se retrouve sous une dalle aérienne, le passage clé de la via. Si vous le souhaitez, il est bien sûr possible de poursuivre à gauche par la via Découverte (plus facile). Sinon, surmonter cette dalle athlétique. Des petits ressauts plus tranquilles, puis un dièdre herbeux et délicat (équipement minimum) amènent à la fin des difficultés.

Carte IGN : Top 25 3335 ET
Infos : OT 04 76 11 44 44

53 • Via ferrata des Perrons

D | **500** | **900** | **1720** | **1h00** | **2h00** | **0h15 ou 0h45** | **S-O**

Voici encore un itinéraire dont le charme tient à son cadre et à sa vue imprenable sur la Muzelle, sommet fétiche du « Grand Oisans Sauvage » cher à Samivel… Cette via ferrata, tout en rondeurs, est pour autant très agréable à parcourir avec ses dalles plongeant sur le petit village de Venosc.

La via est une succession de passages aériens dans des dalles inclinées, entrecoupées de plates-formes parfaites pour se reposer. L'itinéraire décrit un arc de cercle vers la droite, sans difficulté remarquable. La difficulté globale va en décroissant, à mesure que l'on découvre les premières maisons des Deux-Alpes.

Il est bien sûr possible de partir des Deux-Alpes pour faire la via des Perrons, dans ce cas suivre le sentier qui descend sous la télécabine et bifurquer à gauche à mi-hauteur pour atteindre le départ de la via.

Accès : se garer sur le parking de la télécabine à Venosc. Suivre un sentier au nord-est (à droite du village) et monter pendant une petite heure. On rejoint à mi-hauteur (vers 1 270 m) le départ de la via à droite dans les dalles grises des Perrons.
Retour : du sommet, rejoindre les Deux-Alpes par un bon sentier. De là, retour par le sentier à Venosc (45 minutes) ou par la télécabine.
Il est aussi possible de redescendre à droite (ne pas prendre le 1er sentier en sortant de la via, mais un peu au-dessus, panneau) par le magnifique balcon du Vénéon, sentier escarpé mais équipé de quelques câbles. Arrivée sur la route à 4 km de Venosc.

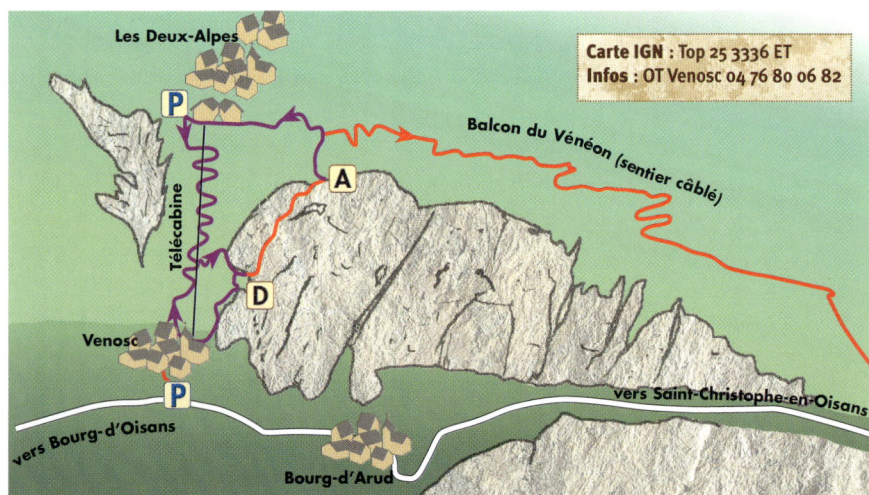

Carte IGN : Top 25 3336 ET
Infos : OT Venosc 04 76 80 06 82

Les Deux-Alpes

P

Balcon du Vénéon (sentier câblé)

A

Télécabine

D

Venosc

P

vers Bourg-d'Oisans

vers Saint-Christophe-en-Oisans

Bourg-d'Arud

Via ferrata de Saint-Christophe • 54

Quoi de plus beau que de jouer les funambules au-dessus des eaux du Vénéon ? Première via ferrata de l'Isère, la via de Saint-Christophe est un bijou d'esthétisme, parfois athlétique mais jamais trop difficile. Cela vous permettra de

D 350 1200 1544

0h02 **2h00** 0h30 **S-O**

découvrir le massif des Écrins, cher aux alpinistes amateurs de solitude. Évitez si possible le cœur de l'été si vous voulez aussi en bénéficier...

Accès : sur la route de la Bérarde, s'arrêter au parking du Plan du Lac (1 203 m, base nautique et camping). Traverser le camping (panneau via ferrata). **Retour :** descendre (à droite) à Saint-Christophe, puis par la route (2 km).

Démarrer par des traversées qui surplombent la rive droite du Vénéon, puis redescendre sur un sentier sur la berge. Une traversée ascendante au-dessus de l'eau conduit à un mur raide, puis des vires et une nouvelle traversée mènent à la passerelle de 15 m qui a un fort roulis... (la franchir un par un). Suivre une vire puis un dièdre : on arrive au passage clé, un ressaut déversant sur quelques mètres. Des passages plus faciles conduisent à proximité du pont du Diable où l'on franchit la route. Une succession de ressauts permet d'atteindre la Vierge du Collet, 1 544 m. À noter, cette deuxième partie au-dessus de la route peut constituer une via à part entière pour les parents désireux d'initier les enfants à l'activité. Compter 30 minutes environ pour cette seule partie, plus si initiation !

Carte IGN : Top 25 3336 ET
Infos : OT Haut Vénéon
04 76 80 50 01

Isère • Dévoluy • Corps

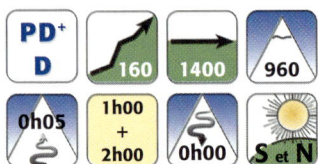

PD⁺ D | 160 | 1400 | 960
0h05 | 1h00 + 2h00 | 0h00 | S et N

Située sur le Drac et sous l'œil de l'Obiou, dans de magnifiques gorges de 200 m de profondeur, cette via ferrata se compose de deux itinéraires distincts, qu'on est libre d'enchaîner ou non. Le premier (les Tunnels, petite boucle, 1h00, PD⁺) est abordable, tandis que le second (le Grand Frisson, grande boucle, 2h00, D), sans difficulté technique notoire, est soutenu. L'ensemble est long et aérien. Via ouverte du 15/05 au 15/10.

Les Tunnels

Après le portail, on débute par des escaliers en bois. On traverse les gorges par un sentier. Traverser alors deux tunnels séparés par une vire. L'itinéraire plonge alors vers le Drac, puis suit une vire le long de celui-ci. Des échelons mènent à la fin de la 1ʳᵉ partie (en boucle). Deux possibilités : soit rentrer par le sentier de départ, soit emprunter la passerelle du Grand Frisson.

Accès : sur la route de Grenoble à Gap, à l'entrée de Corps, prendre à droite et s'arrêter au niveau du barrage. Parking après le pont à gauche. Le départ de la via est à droite à l'entrée du pont (portail).
Retour : direct au parking !

Le Grand Frisson

x 2

Après une traversée de 35 m située 80 m au-dessus des eaux, suivre des vires ascendantes le long de parois verticales (beaucoup de prises naturelles). Franchir la 2ᵉ passerelle de 38 m, puis continuer par une grande vire, passer sous le pont, et sortir par des échelons sur le bord de la pile du pont, puis un petit tunnel livre l'accès au sentier final.

Carte IGN : Top 25 3337 OT
Infos : OT Corps 04 76 30 03 85

Via ferrata de Crolles.

Via ferrata du lac du Sautet.

*Via ferrata de La Bastille
au cœur de Grenoble.*

Via ferrata de Saint-Christophe-en-Oisans.

Hautes-Alpes

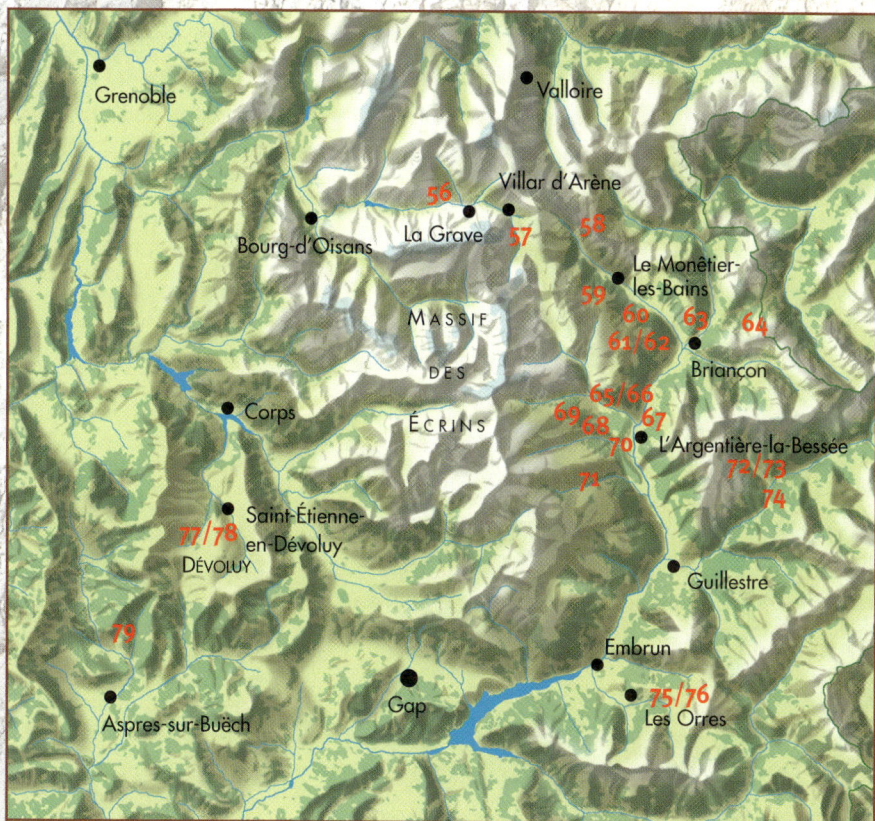

56 • Mines du Grand Clot

57 • Arsine

58 • Aiguillette du Lauzet

59 • Rocher de l'Yret

60 • Rocher du Bez

61/62 • Rocher Blanc

63 • Croix de Toulouse

64 • Degli Alpini

65/66 • Vigneaux

67 • Gorges de la Durance

68 • Tournoux

69 • Torrent de la Combe

70 • L'Horloge

71 • La Grande Falaise

72 • Pra Premier

73 • Combe-la-Roche

74 • Château-Queyras

75/76 • Les Orres

77/78 • Défilé des Étroits

79 • Gorges d'Agnielles

Majestueusement située en face des glaciers de la Girose et du Tabuchet, de la Meije et du Râteau, cette via, sans difficulté mais longue, propose un voyage dans le temps. En effet, on y découvre les anciennes mines de plomb argentifère, dont l'histoire est racontée sur des panneaux le long de l'itinéraire. Enfin, la sortie sur le plateau d'Emparis et ses alpages face à la Meije raviront les amoureux de la montagne.

D		750	2000	2150
0h10	4h00	1h00 à 2h00		S

La première barre que l'on franchit est truffée d'entrées d'anciennes mines. La vire qui fait suite amène à une belle dalle aérienne de 35 m, puis des ressauts herbeux conduisent à une cheminée de 15 m (délicat). Ensuite, une dalle inclinée, puis une série de vires faciles mènent à la dernière partie de la via, principalement du sentier câblé sans difficulté, et un dernier ressaut. On débouche par un bon sentier sur le plateau vers 2 150 m.

Laisser une autre voiture au Chazelet (ou un vélo), ou au moins aux Fréaux si l'on veut raccourcir la descente.

Accès : lieu-dit le Grand Clot, 3,5 km avant la Grave en venant de Grenoble. Parking et panneau via ferrata 50 m avant le Grand Clot ; celle-ci se déroule sur l'éperon à gauche du replat où se trouve une entreprise. Suivre le sentier au nord.

Retour : sur le plateau, continuer vers l'est, puis au nord-est où l'on retrouve le GR® 54 descendant sur le Chazelet. Du centre du village, prendre à droite le sentier rive gauche du torrent qui rejoint la chapelle Notre-Dame-de-Bon-Repos. De là on rejoint la N 91, en amont du Grand Clot (ne pas suivre la route, mais traverser la Romanche et suivre un chemin jusqu'au niveau du Grand Clot où une autre passerelle permet de revenir au parking).

Carte IGN : Top 25 3436 ET
Infos : OT 04 76 79 91 65

Hautes-Alpes • Oisans • Villar d'Arène

Cette via ferrata plaira à tous les amateurs du massif de l'Oisans. Elle est en effet située à deux pas du départ du sentier du refuge de l'Aigle, le plus haut des Écrins à 3 450 m d'altitude. Loin des 6 heures d'effort

AD | 200 | 300 | 1850
0h05 | 1h15 | 0h30 | E

nécessaires pour atteindre ce refuge, la via d'Arsine ne vous demandera guère plus d'une heure pour en venir à bout, de quoi occuper un samedi après-midi. Le dimanche venu, vous aurez l'embarras du choix, entre une balade au col d'Arsine avec sa vue majestueuse sur la face nord-ouest des Agneaux (bien visible de Villar d'Arène), ou aller faire la via des Mines du Grand Clot, à la Grave, face à la Meije.

Accès : depuis la Grave, suivre la direction du col du Lautaret. Ne pas prendre à droite au panneau « Villar d'Arène » mais tourner à droite 300m environ après le gîte au bord de la route, direction le Pied du Col. Après 1,5km ne pas aller au Pied du Col mais prendre à droite direction Base de loisirs. Avant 1 km, s'arrêter au parking dit du Pont des Brebis, point de départ du sentier du refuge de l'Aigle. On accède à la via en quelques minutes, à côté de l'école d'escalade.
Retour : un sentier évident ramène au pied.

La via remonte un pilier qui semble raide mais qui ne l'est pas tant que cela. Après un premier crochet à droite, la via repart à gauche du pilier avant de sortir à peu près directement. Le nombre de barreaux permet d'y emmener des débutants. À mi-parcours, une échappée à gauche permet d'éviter la sortie.

Carte IGN : Top 25 3336 ET
Infos : OT La Grave 04 76 79 91 65

PD | 900 | 1500 | 2611 | 1h00 | 3h00 | 1h15 | O

Plus qu'une via ferrata, cet itinéraire permet de gravir au cours d'une randonnée un beau sommet avec une vue fantastique sur le massif des Écrins. Deuxième via créée en France, ce parcours logique (on traverse la montagne par des vires reliées entre elles) est une invitation à la balade « ferrée » en montagne dans la grande tradition des Dolomites, plus qu'une via purement sportive. Attention cependant, si le niveau technique est peu élevé, ce parcours nécessite une bonne condition physique, ainsi on peut profiter de ce cadre grandiose. S'il n'en restait qu'une poignée, elle en ferait partie...

Accès : entre le col du Lautaret et Monêtier-les-Bains, se garer au Pont-de-l'Alpe. Suivre un large sentier jusqu'aux chalets de l'Alpe du Lauzet. Peu après prendre dans le vallon à droite et remonter l'éboulis de droite, le premier câble est à mi-pente.
Descente : soit descendre par des pentes herbeuses à gauche pour revenir à l'Alpe du Lauzet, soit par le plateau et des pierriers à droite qui rejoignent le chemin du Roy (GR® 50), descendant à l'ouest jusqu'à la route.

Après une section câblée, on suit à nouveau le sentier, avant de démarrer par des vires entrecoupées de petits murs équipés de marchepieds. Une descente mène à un tunnel étroit, puis on remonte une dalle lisse. Une partie herbeuse sur sentier y succède, puis des dalles à droite et un sentier à nouveau. Là, deux options sont possibles :
– par des petits ressauts, rejoindre le col des Aiguillettes d'où l'on gagne le sommet en quelques minutes ;
– retrouver le câble légèrement en haut à gauche du pierrier et le suivre pour sortir directement au sommet après une traversée aérienne

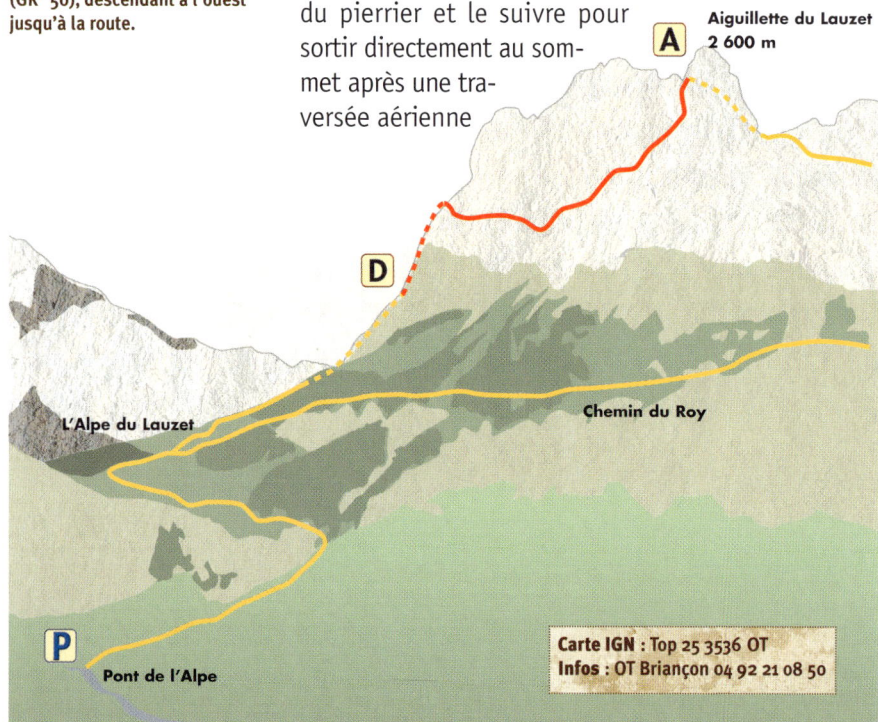

Aiguillette du Lauzet
A 2 600 m

D

L'Alpe du Lauzet

Chemin du Roy

P
Pont de l'Alpe

Carte IGN : Top 25 3536 OT
Infos : OT Briançon 04 92 21 08 50

Hautes-Alpes • Briançonnais • Le Monêtier-les-Bains

Accessible par télésiège, la via de l'Yret, qui est en fait sur la pointe des Neyzets, est une agréable balade en altitude, avec une vue imprenable sur le glacier du Dôme du Monêtier et sur la vallée de Serre-Chevalier. Cet itinéraire conviendra tout à fait aux ferratistes débutants et aux amoureux de la montagne.

PD | 400 | 1000 | 2662

télésiège + 0h35 | **2h15** | 1h00 | E

Accès : à Monêtier-les-Bains prendre le télésiège du Bachas (5 à 6 euros AR). À l'arrivée, prendre la piste qui monte vers le col de l'Eychauda, puis tourner à droite pour rejoindre le pied de l'arête par un sentier dans des éboulis.
Retour : par un sentier équipé de câbles (sur la première partie) jusqu'au col du Vent, puis prendre le vallon qui descend et suivre la piste de ski à l'est jusqu'au col de l'Eychauda, et le télésiège.

L'itinéraire consiste à suivre l'arête est. Démarrer sur son flanc droit avant de passer sur son flanc gauche, au soleil. Franchir un petit mur, puis par le fil de l'arête rester sur le flanc gauche. Par une faille de rocher on change de versant, puis des passages faciles mènent à une dalle lisse. Suivre le fil de l'arête, franchir une petite brèche et, après une interruption du câble, arriver au sommet.

Attention au rocher friable par endroits sur l'arête.

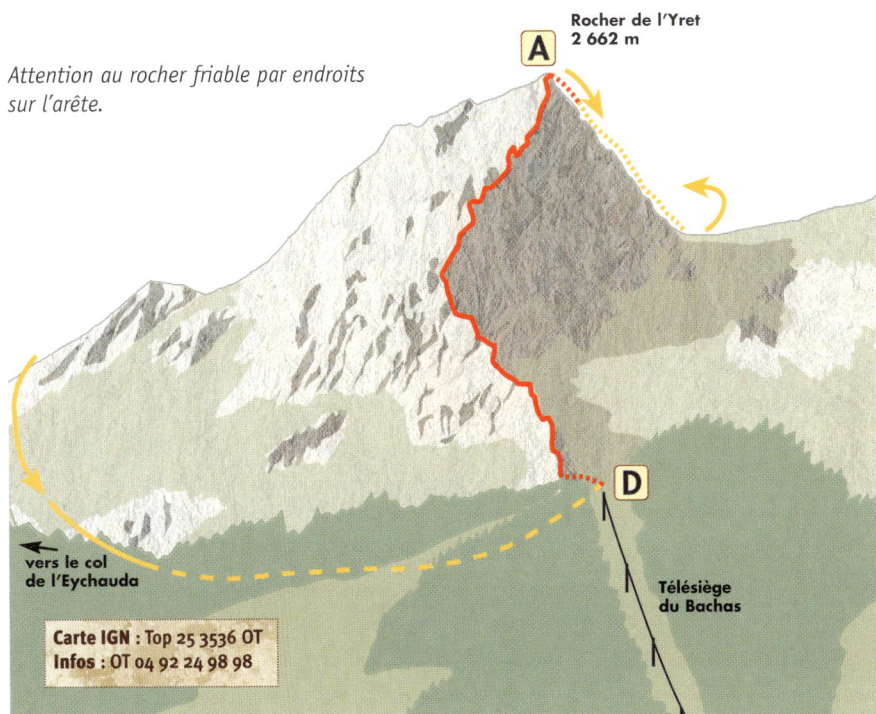

Rocher de l'Yret
2 662 m

A

D

vers le col
de l'Eychauda

Télésiège
du Bachas

Carte IGN : Top 25 3536 OT
Infos : OT 04 92 24 98 98

F 100 350 250 1620

0h20 0h10 1h00 1h00 0h15 N-E

Parfaitement adapté aux enfants et à l'initiation, le rocher du Bez offre deux vias : un itinéraire en boucle, et un deuxième spécialement équipé pour les enfants à partir de 6 ans (barreaux rapprochés). Sur chaque itinéraire, une échappée permet aux plus timides de se lancer sans crainte dans cet itinéraire sympathique.

Bez I : démarrer par une traversée à gauche, puis un petit mur. Après un passage raide, une rampe en diagonale à droite aboutit sur un éperon qui conduit au sommet. Une descente équipée mène à une faille, puis à un tunnel. Continuer la descente par une suite de vires et de petits pas bien équipés.

Bez II : une montée en oblique à gauche mène à une petite passerelle qui enjambe une brèche. Au-dessus, une échappatoire traversant sur la gauche permet de sortir de la via. Continuer par une progression à droite jusqu'au sommet.

Accès :
• **Bez I :** de Villeneuve-la-Salle (Serre-Chevalier 1400), aller en direction du rocher d'escalade du Bez, près de l'Aventure Parc. Parking au rocher du Bez ou un peu avant. Suivre le chemin en direction de l'école d'escalade puis à droite le sentier qui mène au départ de la via (un petit passage câblé). Départ de la via derrière un gros bloc.
• **Bez II :** idem Bez I mais continuer après l'école d'escalade pour trouver le départ.
Retour :
• **Bez I :** par le même sentier ou à mi-parcours par le sentier botanique (échappée) jusqu'au rocher d'escalade.
• **Bez II :** on rejoint facilement le sentier botanique qui ramène au parking.

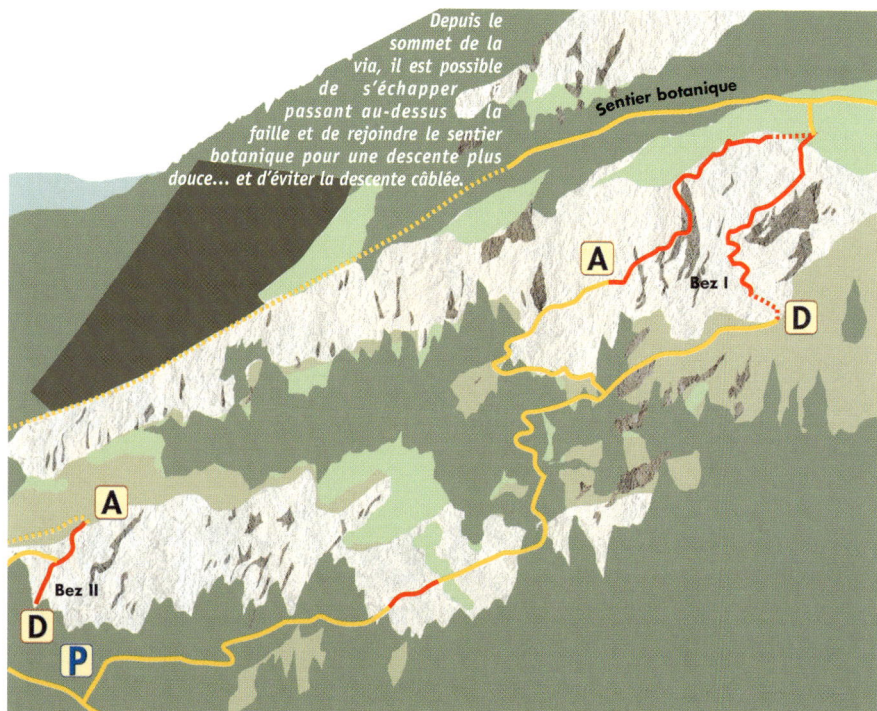

Depuis le sommet de la via, il est possible de s'échapper en passant au-dessus de la faille et de rejoindre le sentier botanique pour une descente plus douce... et d'éviter la descente câblée.

Accessible en téléphérique, le rocher Blanc propose deux itinéraires de difficultés bien différentes : celui de droite est aisé tandis que celui de gauche emprunte un pilier vertical parfois très raide, dans un beau calcaire sculpté qui satisfera les plus sportifs.

PD
D+ | 100 | 350 | 2475

télé… +0h20 | 0h40 1h00 | 0h30 | E

Accès : de Chantemerle, prendre le téléphérique (9 euros environ, AR) qui vous emmène à 2 480 m d'altitude. À l'arrivée, descendre à gauche (est) jusqu'au col de la Ricelle et suivre le sentier à gauche qui passe à la base de la paroi du rocher Blanc.
Retour : au sommet suivre les cairns pour rejoindre la crête, puis remonter au téléphérique.

D+ Démarrer par des ressauts verticaux. Continuer par une traversée aérienne sur la gauche qui mène à un surplomb. L'itinéraire est alors plus direct, empruntant des passages parfois en dévers. Un dernier passage athlétique permet d'atteindre le sommet.

PD Des ressauts faciles conduisent à un mur très équipé. Une traversée et des passages plus faciles mènent au sommet.

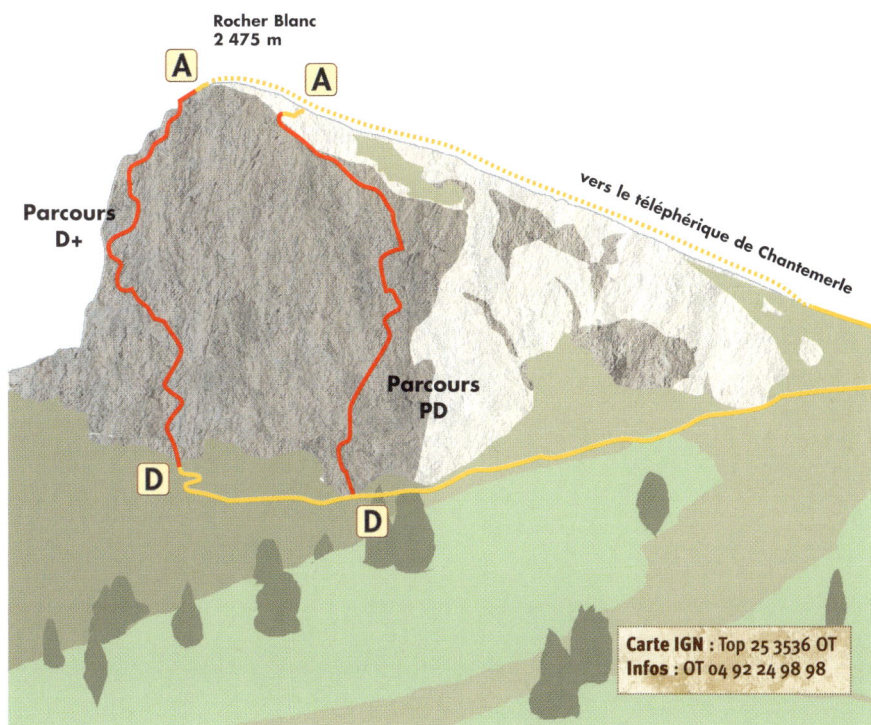

Rocher Blanc
2 475 m

A   A

vers le téléphérique de Chantemerle

Parcours
D+

Parcours
PD

D

D

Carte IGN : Top 25 3536 OT
Infos : OT 04 92 24 98 98

63 • Via ferrata de la croix de Toulouse

PD | 680 | 370 | 1967
0h35 | 2h00 | 0h40 | S

Il s'agit là d'une via ferrata urbaine, au même titre que celle de la Bastille à Grenoble, par exemple. Surplombant la cité Vauban et les fortifications de la vieille ville, la croix de Toulouse fait partie des grandes classiques dont vous apprécierez le parcours sans difficulté, avant de vous lancer dans les via « montagne » comme l'aiguillette du Lauzet, et nombre d'autres dans le Briançonnais.

L'itinéraire, rectiligne, franchit la falaise qui domine le Champ-de-Mars. Démarrer la via ferrata par une succession de petits murs et de vires sur le fil d'une arête. Quelques ressauts mènent à une brèche profonde, que l'on franchit au moyen d'une passerelle, la passerelle du Président. On suit ensuite le câble le long de l'arête, d'où la vue sur la ville est impressionnante. La dernière partie est entrecoupée de portions de marches sur sentier, avant de finir par une traversée à droite qui s'achève au belvédère de la croix de Toulouse.

Accès : du Champ-de-Mars (parking au-dessus de la cité Vauban à Briançon), prendre une route qui passe entre deux restaurants, sur 500 m environ, jusqu'au panneau « via ferrata ». Suivre le chemin à droite qui monte en lacet, puis à droite, avant de revenir au pied de la falaise, à gauche d'un couloir d'éboulis.
Retour : du belvédère, rejoindre les ruines d'un fortin, près d'une table d'orientation, et prendre à droite (est) une piste forestière qui descend via le fort des Salettes (GR® 5) au parking du Champ-de-Mars.

A **Croix de Toulouse**
1 970 m

Passerelle du Président

D

Fort des Salettes

P

Briançon Champ-de-Mars

P

Carte IGN : Top 25 3536 OT
Infos : OT Briançon 04 92 21 08 50

Situé en fait en Italie, cet itinéraire s'atteint par une vallée française, la Clarée, au départ de Plampinet. Ce n'est pas une via ferrata à la française mais plutôt une randonnée comprenant le parcours d'une vire équipée de câbles dans une ambiance montagne, et non sécurisé. À réserver aux pratiquants habitués au terrain « montagne ».

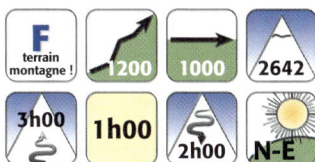

F terrain montagne ! 1200 1000 2642
3h00 **1h00** 2h00 N-E

Accès : se garer à Plampinet, au nord de Briançon, 4 km avant Névache.
Retour : voir ci-contre.

Remonter la piste qui remonte en lacet le vallon des Ascles. À 1846 m, prendre à gauche le GR® 5B (avant les chalets des Ascles). Le sentier monte, sort de la forêt et atteint la frontière à l'est du col des Ascles, vers 2300 m. Suivre au nord un chemin à flanc qui permet d'atteindre le Passo della Mutierra à 2412 m. Panneau « ferrata degli alpini », ne pas aller vers le fort en ruine à gauche sous l'arête, mais suivre le sentier sur l'arête, puis un peu à droite une sente, qui revient à gauche pour franchir l'arête d'où l'on voit toute la vire câblée qui traverse la face nord-est sur un kilomètre. La suivre jusqu'aux éboulis du col de la Grande Hoche, 2642 m. De là, soit redescendre tout de suite dans le vallon des Ascles en traversant le vallon du Charra (par l'Ancien Poste des Ascles, ruines). Soit en profiter pour gravir la pointe de Charra (2844 m) par son arête est, parcours herbeux (non équipé) et aérien.

Attention aux névés persistants en début de saison (piolet utile).

Carte IGN : Top 25 3535 OT
Infos : bureau des guides de Briançon, 04 92 21 08 50

PD
D
380
500
1630
0h20
2h00
0h40
S

La via ferrata des Vigneaux est l'une des trois via « historiques » (avec Freissinières et le Lauzet) : c'est probablement la via la plus parcourue de France, succès qui tient autant à sa superbe situation à l'entrée de la Vallouise qu'à son caractère pur et aérien. La via se divise à mi-hauteur en deux parcours distincts : le Colombier (PD), très abordable, et la Balme (D), plus difficile et un peu plus longue.

Remonter une vire en traversée qui débouche sur une dalle lisse que l'on remonte directement, puis une arête à droite et une traversée amènent sur une vire au pied de la bifurcation.

Accès : parking à l'entrée du village des Vigneaux (en venant de Briançon, bifurcation à Prelles). Panneau via ferrata. Un sentier monte rapidement au départ.
Retour : du sommet (cairns) un sentier redescend à gauche à travers la forêt.

PD

À gauche, **la via du Colombier** : une traversée mène à une échelle verticale, puis des dalles conduisent à la sortie.

D

À droite, **la via de la Balme** : monter droit dans des dalles lisses avant de traverser à droite vers une petite grotte. Franchir le surplomb de celle-ci (physique) et, par la droite, remonter une dernière dalle lisse et sortir au sommet.

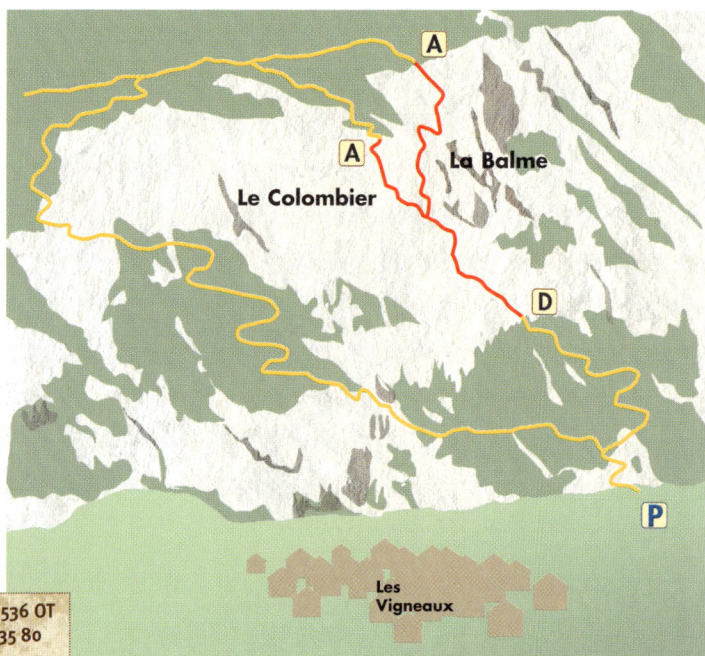

Le Colombier · La Balme · Les Vigneaux

Carte IGN : Top 25 3536 OT
Infos : OT 04 92 23 35 80

Hautes-Alpes • Briançonnais • Les Vigneaux

Surplombant les eaux impétueuses de la Durance, l'itinéraire original a parfois eu la réputation d'être l'une des vias les plus impressionnantes de France. C'est aujourd'hui un « créneau » bien plus encombré qu'à l'époque de sa création (1997). Depuis, deux autres itinéraires, de niveau moyen et facile, ont été créés ici. La Noire est ainsi cotée TD, la Rouge peut être cotée D, et la Verte... parfaite pour les débutants et les enfants. L'itinéraire original quant à lui reste un morceau d'anthologie, avec le grondement des flots sous les semelles en permanence.

La Noire

Du parking (panneau indicateur) descendre au pont (cabane de péage) et suivre le sentier balisé en rive gauche de la Durance. L'accès à la première passerelle est athlétique. Franchir une première fois la Durance pour monter à une seconde passerelle au-dessus de la première. Suivre ensuite des dalles assez raides, puis une traversée assez aérienne conduit dans des pentes d'éboulis, que l'on franchit grâce à une passerelle protégée par un grillage. Descendre alors vers la Durance, que l'on traverse pour la troisième fois, avant de remonter le bastion rocheux qui constitue à cet endroit la rive droite de la Durance. Après ce grand mur raide et aérien, longer la conduite forcée et prendre une dernière passerelle de 60 m au-dessus de la Durance.

La Rouge

Le mur de départ est le plus athlétique. Une traversée ascendante donne accès au cœur de la paroi en suivant des rampes ondulées jusqu'à une grotte. Un dernier mur vertical débouche sur une zone moins raide qui arrive à la sortie de la grande passerelle.

La Verte

On débute par un beau pilier compact qui donne accès à une traversée dans un mur en bon rocher. On atteint ainsi la passerelle de 15 m, et la 1re échappatoire. Une nouvelle section conduit à une 2e échappée. Une dernière traversée, toujours au-dessus des flots, mène à la sortie.

Accès :
• La Noire : de l'Argentière, prendre la direction de la Vallouise par la D 994E. Avant le village de la Bâtie des Vigneaux, prendre à droite et suivre le fléchage jusqu'au parking dans un virage, en bordure de la Durance.
• La Rouge : idem la Noire, suivre le fléchage depuis le parking.
• La Verte : du parking, suivre la Durance rive gauche jusqu'au départ du câble (2 minutes).

Carte IGN : Top 25 3536 OT
Infos : OT 04 92 23 03 11

Il est possible d'effectuer, sur réservation, deux grandes tyroliennes (500 mètres chacune !), dont l'une peut s'accéder par la via Rouge. Infos à Roc Aventure, 04 92 20 08 48.

68 • Via ferrata de Tournoux

AD | 200 | 250 | 2030
0h10 | 1h30 | 0h20 ou 1h00 | N-E

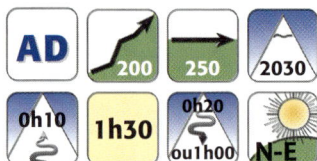

Au pays des Écrins, Puy-Saint-Vincent propose une visite sur le plateau d'Oréac, au-dessus de Tournoux, avec vue sur toute la Vallouise. La via ferrata de Tournoux, équipée en 1998, s'est vue adjoindre depuis une via ferrata de descente, permettant ainsi une boucle technique à la montée comme à la descente.

Franchir un petit mur puis une traversée ascendante à gauche. Poursuivre par un beau mur aérien assez raide qui débouche sur une vire boisée que l'on traverse. Une série de petits ressauts et une traversée aérienne, ainsi qu'un court passage raide permettent de sortir sur le plateau. Du sommet de la via, un panneau indique « voie de retour » en via ferrata. Suivre à droite (ouest) le sentier jusqu'à un profond ravin dans lequel on trouve les premiers câbles. Descendre dans le ravin, et poursuivre par une série de ressauts que l'on désescalade et de petites traversées jusqu'à un dernier ressaut raide et une dernière traversée vers 1 750 m. On rejoint le sentier d'accès.

Accès : de Puy-Saint-Vincent, suivre la route du col des Prés, puis la piste forestière en direction du col de la Pousterle. Parking un peu avant le col (panneau, piste de ski). Suivre le chemin forestier jusqu'au panneau via ferrata (balisage orange).
Retour : par la via ferrata à droite ou par un sentier à gauche en sortant (est) on rejoint le col de la Pousterle et le parking.

Retour au parking

« voie de retour »

Carte IGN : Top 25 3437 ET
Infos : OT Puy-Saint-Vincent
04 92 23 35 80

Hautes-Alpes • Briançonnais • Puy-Saint-Vincent

Le sentier du Torrent de la Combe est un itinéraire spécialement aménagé pour permettre à toute la famille, enfants en tête, de découvrir le vallon du torrent de la combe et son sentier botanique. Avec en plus le plaisir de faire une « vraie » via ferrata – facile – avec des passerelles suspendues au-dessus du torrent.

F | 100 | 800 | 1560
0h10 | 1h30 | 0h30 | N-E

Accès : du village de Puy-Saint-Viencent (1 400 m) au niveau de la chapelle prendre le chemin du Grand Champ jusqu'à atteindre la route qui conduit à la station. Monter en direction de la station 1600. Traverser la route, le sentier d'accès est en face, panneau « via ferrata de la Combe ».

Retour : partir à gauche et rejoindre le sentier botanique qui ramène sur la D 804 un peu au-dessus du point de départ.

x 2

Suivre le sentier qui arrive aux premiers câbles qui descendent sur le torrent de la Combe. Une passerelle de 15 m permet de passer sur l'autre rive avant de remonter sur cette rive. Passer un ressaut puis un dièdre, puis facile, avant un nouveau petit ressaut qui rejoint le sentier le long du torrent. Franchir la 2e passerelle qui permet de revenir rive droite. Un sentier ascendant achève le parcours.

Il est possible à la fin de la via de suivre le sentier botanique du vallon de Narreyroux, très instructif pour toute la famille (30 minutes de plus).

Carte IGN : Top 25 3437 ET
Infos : OT Puy-Saint-Vincent
04 92 23 35 80

PD 50 150 1000

0h05 **0h30** 0h10 S

Parmi les nombreuses via du Briançonnais, celle de l'Horloge, avec ses équipements rapprochés, est spécialement destinée aux enfants et aux débutants. Un bon moyen de s'initier avant de se lancer dans les autres itinéraires de la région.

Démarrer par un petit ressaut, puis un dièdre. Une interruption (facile), puis continuer par un ressaut, et une traversée descendante jusqu'à un nouveau ressaut aérien. Une petite descente à gauche et un mur vertical mènent à une plate-forme (d'où un sentier part à gauche, échappatoire). Sinon, finir par un beau ressaut un peu tire-bras.

Accès : de L'Argentière-la-Bessée prendre direction centre ville. Au kiosque à musique tourner à droite rue des Collets, passer la ligne de chemin de fer et monter jusqu'au parking de la falaise des Collets à gauche. De là, accès rapide et en descente !
Retour : suivre le sentier à droite qui ramène au parking (petit câble de 10 m pour franchir la falaise) en descendant.

Carte IGN : Top 25 3437 ET
Infos : OT 04 92 23 03 11

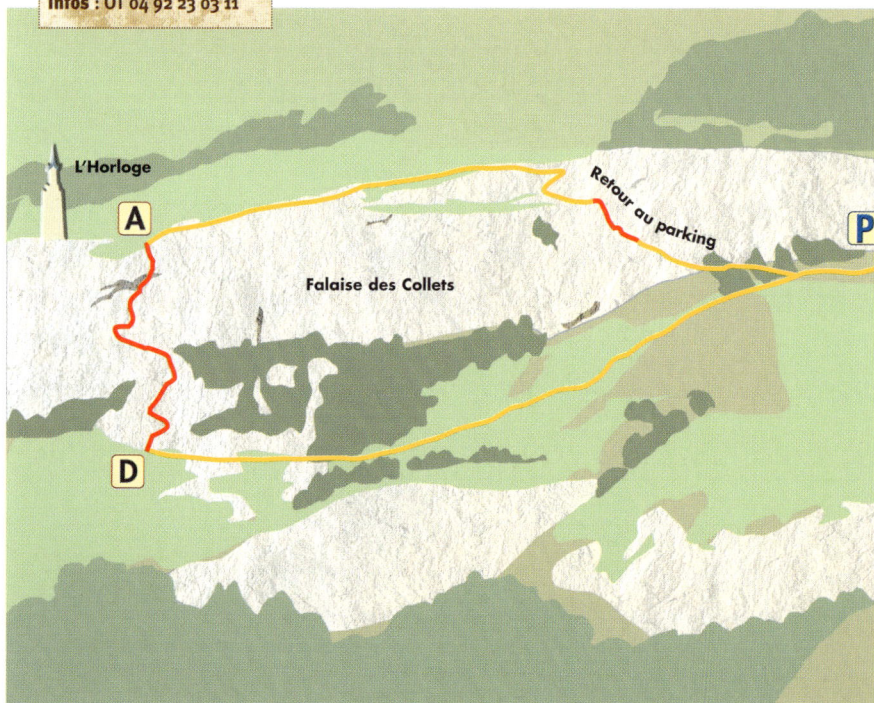

L'Horloge

A

Falaise des Collets

Retour au parking

P

D

Hautes-Alpes • Briançonnais • Freissinières

Cet itinéraire historique est la première via ferrata créée en France, en 1988, sous l'impulsion d'un guide local. Lionel Condemine a ainsi imaginé un itinéraire sur la base d'une via des Dolomites, en utilisant au mieux les vires

D		300	1500	1550
0h20	2h00 à 3h00		1h00	S

naturelles qui parcourent déjà la falaise. Artisanale à ses débuts, cette via modernisée depuis a tout pour satisfaire le ferratiste : longueur, passages aériens, et le cadre lumineux des montagnes des Écrins.

Accès : à l'entrée de Freissinières, prendre à droite la route en direction du col d'Anon jusqu'au panneau indicateur. Parking 200 m plus loin, dans le virage qui précède le hameau des Roberts. Du parking, le sentier part horizontalement jusqu'à l'aplomb de la falaise, sous des surplombs rouges, avant de revenir à gauche en montant.
Retour : par le sentier des falaises, évident, qui parcourt la moitié inférieure de la falaise (sous la via).

L'itinéraire est en fait une balade qui traverse la falaise de gauche à droite. On compte deux parties distinctes séparées par une large terrasse. Démarrer par quelques vires aisées. Ensuite on enchaîne petits murs et traversées gazeuses. Une brève descente amène à la vire centrale, d'où il est possible de s'échapper par le chemin de descente (qui rejoint le sentier de départ). Fin de la première partie. Continuer par une large vire boisée où l'on peut faire une pause. On arrive ainsi à la grotte Ogive, d'où l'on s'échappe par une faille (boîte aux lettres). Suivre quelques vires agréables qui nous amènent, par la rampe des Trous au clou de la via, les dalles Osées, de magnifiques dalles lisses et aériennes, qui mènent au sommet.

Carte IGN : Top 25 3437 ET
Infos : Freissinières 04 92 20 95 49

2e partie

Dalles Osées

Grotte Ogive

1re partie

A

D

AD | 200 | 400 | 2279 | 0h20 | **1h30** | 0h30 | N-E

Itinéraire récent, la via ferrata de Pra Premier est un itinéraire parfait pour découvrir l'activité, bien encadré. La via fait partie du club restreint des vias (françaises, certes !) situées à plus de 2000 m d'altitude : à ne pas prendre à la légère donc ! Le cadre est, comme souvent dans le Queyras, idyllique, les alpages, plus beaux que jamais. Mais n'oubliez pas de prendre vêtements chauds, boissons et vivres pour cette escapade, sans oublier le répondeur de Météo France. Il ne vous reste plus qu'à découvrir cette belle balade en altitude, sans difficulté particulière, comme on aimerait en faire plus souvent.

La via démarre en douceur, avant de venir buter contre un mur vertical en calcaire très compact, plus facile qu'il n'y paraît. Une fois franchi ce passage, une échelle permet de passer un surplomb facilement. Ensuite une grande traversée ascendante vers la gauche conduit vers le milieu de la paroi. Il faut gravir un nouveau mur raide, mais équipé de nombreux barreaux pour atteindre une zone de vires herbeuses. Une nouvelle traversée à gauche, courte mais très aérienne au-dessus d'un surplomb mène à l'éperon final, puis au sommet.

Une variante de départ est possible, sur la droite de l'itinéraire originel.
À noter : un secteur de voies d'escalade existe à proximité.

Accès : depuis Arvieux, il faut continuer sur la D902 jusqu'à Brunissard, et suivre la route jusqu'à son terminus 3km plus loin. Parking à 1966m, juste 1km avant le cirque de Pra Premier (Pré Premier sur IGN). Depuis le parking, suivre sur la gauche le sentier balisé d'accès à la retenue d'eau qui se situe au pied du départ de la via ferrata, que l'on atteint après avoir traversé le grand pré (Premier, donc).

Retour : suivre les caïrns puis un sentier jusqu'aux chalets de Clapeyto. De là prendre à gauche pour retrouver le sentier qui descend facilement dans le vallon de la Selle Vielle, au pied de la via ferrata, ou bien revenir par la piste carrossable de la Casse jusqu'au parking.

Carte IGN : Top 25 3537 ET
Infos : OT Arvieux 04 92 46 75 76

Hautes-Alpes • Queyras • Arvieux

Troisième via ferrata dans le Queyras, Combe-la-Roche est la deuxième de la commune d'Arvieux, après celle de Pra-Premier. Et cette nouvelle via ne manque pas d'atouts : panorama exceptionnel (comme sa voisine), parcours long

AD | 300 | 600 | 2440

0h20 | **2h30** | 0h45 | **N-E**

et varié (plus que sa voisine), sans toutefois être difficile... Bref, de quoi se faire vraiment plaisir. Il sera d'ailleurs tentant pour les sportifs d'enchaîner les deux itinéraires.

Accès : identique à celui de la via de Pra Premier. Même parking au-dessus du camping de Brunissard. Suivre ensuite le balisage rouge qui mène au pied de la falaise.
Retour : sentier balisé.

La via se développe de manière à fournir un effort jamais trop ardu, mais soutenu par sa relative longueur. Aucun équipement superflu (passerelles ou autres ponts de singe) ne vient troubler l'ascension, qui ne présente pas de difficultés particulières.

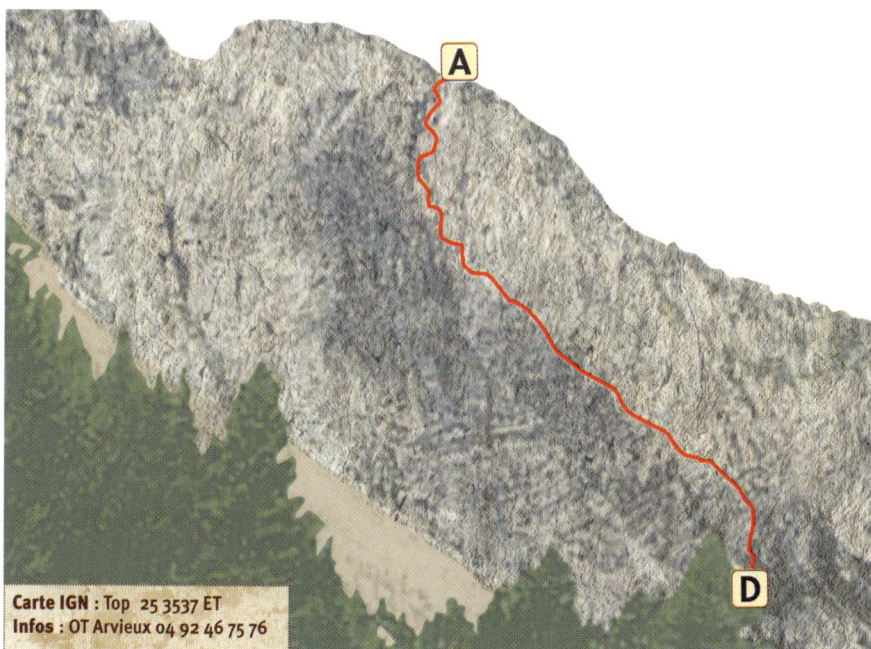

Carte IGN : Top 25 3537 ET
Infos : OT Arvieux 04 92 46 75 76

74 • Via ferrata de Château-Queyras

PD · nulle · 800 · 1330 · 0h02 · 1h00 · 0h10 · toutes

Décidément le Queyras a bien des atouts pour passer de bons moments : des via ferrata, mais aussi et surtout, des montagnes magnifiques, réserve d'inépuisables randonnées. Toute récente, la via ferrata se déroule dans les gorges du Guil, juste sous Fort-Queyras. Trois passerelles, pas moins, permettent en franchissant les flots du Guil de se sentir une âme d'Indiana Jones, le tout en restant au frais. Ce ne sont pas les enfants qui diront le contraire en parcourant cet itinéraire ludique et pensé aussi pour eux, mais pas si court : certains s'arrêteront à mi-parcours, grâce à une échappatoire bien pratique en cas de fatigue.

La via ferrata démarre rive gauche du Guil sur du rocher compact, qui devient de plus en plus raide jusqu'à atteindre la première passerelle de 15 m, assez impressionnante pour les petits... Poursuivre rive droite sur environ 200 m par une traversée entrecoupée de courts passages plus raides. On atteint la deuxième passerelle d'une dizaine de mètres. Juste après celle-ci il est possible de s'échapper par la sortie de secours. Sinon, passer sous un surplomb et continuer jusqu'à atteindre la troisième et dernière passerelle, qui nous ramène rive gauche. Ensuite un terrain plus facile permet de remonter et de sortir des gorges après un dernier éperon. On arrive juste devant l'entrée du château.

Accès : atteindre le village de Château-Queyras via la D 947, puis traverser le village jusqu'à sa sortie, vers la gendarmerie et le camping. Tourner à droite et revenir vers le village par une route longeant le Guil, parking au niveau du pont juste avant le fort. Traverser le pont, et une brève descente mène au départ. **Descente :** suivre le fléchage dans le village pour revenir au parking.

Carte IGN : Top 25 3537 ET
Infos : mairie de Château-Queyras
04 92 46 70 70

Hautes-Alpes • Embrunais • Les Orres

Située au-dessus du lac de Serre-Ponçon, la station des Orres offre toutes les activités de montagne, été comme hiver, du VTT au ski en passant par la cascade de glace. Deux via ferrata sont proposées ici : la Marcelinas, qui est assez aérienne mais abordable, tandis que la via de la Cascade, avec des passages très athlétiques, est réservée aux ferratistes expérimentés.

AD / TD | 180/250 | 500/800 | 1850
0h20/0h30 | 1h00/1h30 | 0h40 | E

Accès : sur la route de la station des Orres, prendre une route à droite dans une grande épingle, se garer au parking dit du Riou Sec, 1 665 m. Panneau via ferrata. Suivre la piste forestière jusqu'à la cabane de Pré-Paisset, 1 700 m. Tourner à droite (torrent de l'Eyssalette) pour la via de la Cascade. Pour la via Marcelinas, continuer la piste jusqu'au pré de la Peyne, 1 720 m. Traverser le torrent à gué, 20 m après celui-ci prendre le chemin de gauche et atteindre le pied de la via.
Retour :
• Marcelinas : suivre la balise « retour station », pour rejoindre la sortie de la via de la Cascade.
• Cascade : suivre un sentier câblé au début qui permet de revenir au pied de la falaise. Longer la rive gauche du torrent et le traverser, comme à l'aller, au point 1550 m, vers pré Paisset.

La Marcelinas

AD La via est une succession de petits murs et de grandes traversées vers la droite (après une brève à gauche au début), entrecoupés de quelques petites descentes. Les vires sont parfois très aériennes. On sort par un dernier mur raide vers 1 850 m.

Un autre départ plus facile a été aménagé sur la gauche, un peu au-dessus du départ, qui permet d'éviter le 1ᵉʳ mur et la 1ʳᵉ traversée.

La Cascade

TD Après une première série de ressauts directs et raides, une première échappatoire à droite est possible. Ensuite suivre une traversée sur la gauche (très aérienne et technique) amène à une 2ᵉ échappatoire, utile si l'on est fatigué. Continuer par une belle dalle lisse, puis une 2ᵉ traversée aussi difficile que la première. Un ressaut plus facile finit la via.

Carte IGN : IGN 3438 ET
Infos : OT les Orres 04 92 44 01 61

La Marcelinas

La Cascade

Hautes-Alpes • Dévoluy • Saint-Étienne-en-Dévoluy

PD **D⁺** | 100 | 800 +1280 | 1270 | 0h05 | 2h30 | 0h10 | Canyon

Le Dévoluy devrait son nom à un vieux mot français, « dévaler », la pierre qui dévale. Le magnifique défilé des Étroits est composé de deux via, qu'on est libre d'enchaîner ou pas, situées dans un profond canyon, où l'on affleure les eaux impétueuses de la Souloise. La Traversée des Beaumes permet une approche en douceur, tandis que la Vertigo, sportive et qui lui fait suite, porte bien son nom.

La Traversée des Beaumes

PD

Suivre un sentier sur 200 m. Franchir un mur, puis une nouvelle traversée sur les vires dominant la Souloise, et un mur de 20 m. Passage d'une grotte (à quatre pattes !) puis dans un couloir rocheux étroit. Descente jusque vers 1 250 m, on peut alors s'échapper à droite (sentier/échappatoire).

Accès : peu avant Saint-Étienne-en-Dévoluy, se garer juste après le pont de Giers (panneau via ferrata) que l'on retraverse et suivre le sentier rive gauche.
Retour : par la route des gorges.

La Super Vertigo

D⁺

Remanié en 2003, le parcours se veut aujourd'hui plus sportif. Le nouveau tracé permet, après le départ rive droite et une passerelle, de rester rive gauche jusqu'à la fin de la via, ou bien de rejoindre l'ancien parcours par un pont de singe et de franchir ainsi une autre passerelle. Enfin, un pont de singe permet, plus loin, de changer de rive dans la partie la plus étroite des gorges. Au final, on peut mixer les variantes, mais sachez que le parcours rive gauche (à droite) est plus physique que l'autre.

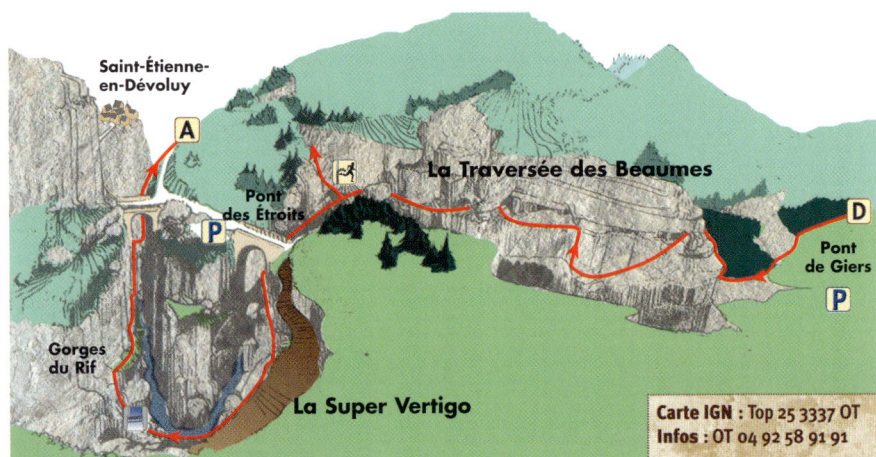

Saint-Étienne-en-Dévoluy

A

Pont des Étroits

P

La Traversée des Beaumes

D

Pont de Giers

P

Gorges du Rif

La Super Vertigo

Carte IGN : Top 25 3337 OT
Infos : OT 04 92 58 91 91

Le Haut-Buëch réserve au ferratiste (sur la route de la via de la Grande Fistoire) un bijou dont le caractère correspond bien à la région : secret mais charmant. La via est en fait une traversée de la falaise, et, malgré la faible hauteur de celle-ci, l'ambiance est aérienne. Ceci ajouté à quelques ressauts raides vous garantira un bon moment au cours de la découverte du pays des « vacances » de Giono... (Baumugne, près de Saint-Julien-en-Beauchêne).

AD | 50 | 500 | 940
0h10 | 1h00 | 0h20 | E

Accès : sur la N 75 Grenoble-Sisteron, entre La Faurie et Aspres-sur-Buëch, tourner à gauche juste avant l'embranchement pour aller à Veynes, suivre la piste forestière des Gorges d'Agnielles (passer sous le pont de la voie ferrée) sur 1 km. Parking sous une grande baume. Continuer à pied jusqu'à l'école d'escalade, panneau d'information. la via démarre un plus loin, prendre à gauche un court mais raide sentier.

Retour : du sommet, suivre le sentier qui monte au nord, puis traverse à gauche (ouest, puis sud) à travers la forêt. Parfois mal marqué, suivre les traces rouges.

La via commence un petit mur, puis suit une grande vire aérienne (le balcon des Escargots). Suivre quelques échelons, puis la grande vire médiane. On passe à travers deux grottes. Atteindre une vire aérienne, la vire des Hirondelles. Franchir un mur vertical, puis une dernière traversée gazeuse (au-dessus de la vire des Hirondelles) permet de sortir.

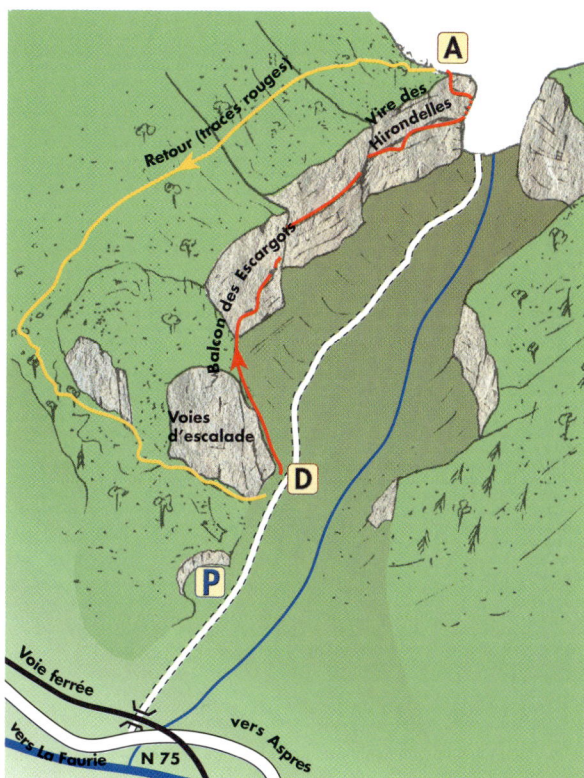

Carte IGN : Top 25 3338 OT
Infos : OT Aspres-sur-Buëch
04 92 58 68 88

Via ferrata des gorges d'Agnielles.

Drôme

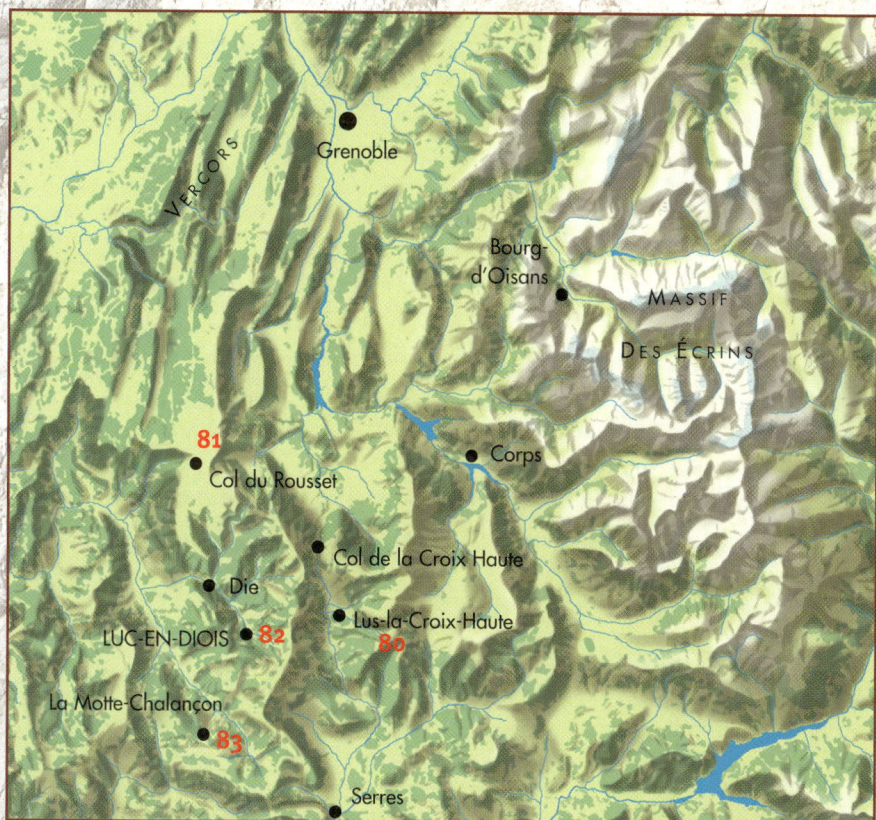

Map showing locations in the Drôme region with labeled points: Grenoble, Vercors, Bourg-d'Oisans, Massif des Écrins, **81** Col du Rousset, Corps, Col de la Croix Haute, Die, **82** Lus-la-Croix-Haute **80**, LUC-EN-DIOIS, La Motte-Chalançon, **83**, Serres.

80 • **La Berche**   82 • **Le Claps**

81 • **Chironne**   83 • **Le Pas de l'Échelle**

80 • Via ferrata de la Berche

Drôme • Diois • Lus-la-Croix-Haute

AD⁺ | 300 | 650 | 1440 | 0h05 | **2h30** | 0h20 | S-O

La vallon de la Jarjatte recèle bien des trésors. Du ski et même de la cascade de glace l'hiver, de la rando et une école d'escalade l'été. C'est juste à droite de celle-ci qu'a été créée la via de la Berche. Composée de trois sections qui s'enchaînent pour former une boucle, la via oppose parfois quelques passages athlétiques courts au sein d'un itinéraire tout à fait abordable. Heureusement ces passages peuvent être contournés pour minimiser la difficulté.

La via grimpe directement sur la crête sans difficulté, avant d'effectuer une traversée légèrement déversante puis un court mur raide. On poursuit en oblique pour arriver à une 1ʳᵉ poutre, puis, après un échappatoire (variante facile), à une 2ᵉ et une 3ᵉ poutre (petit surplomb pénible). Fin de la crête et du 1ᵉʳ tronçon. Rester équipé, après une brève descente on gravit le 2ᵉ tronçon sur un éperon et des dalles raides. Une traversée en forêt à gauche mène au 3ᵉ tronçon : pont népalais puis ascension de la Tour. Une courte descente raide permet de rejoindre le sentier de retour.

Accès : depuis Lus-la-Croix-Haute, versant sud du col du même nom, prendre à l'est la D505 direction la Jarjatte. Avant d'arriver au village, on croise un panneau de signalisation routière "via ferrata" : la via est 100 m plus loin. Parking déconseillé sur le bord de la route (peu de place), se garer plutôt à l'entrée du hameau (400 m à pied). Le départ de la via est littéralement au bord de la route.

Descente : suivre le sentier balisé qui descend en lacet jusqu'au départ.

la Piste

variante

la Tour

retour

A

D

Carte IGN : Top 25 3237 OT
Infos : OT Lus 04 92 58 51 85

Drôme • Diois • Col du Rousset

À deux pas de la Réserve naturelle des Hauts-Plateaux du Vercors, le col du Rousset est le lieu de passage obligé entre Vercors et Diois. Juste au-dessus du col se dressent les rochers de Chironne, sur lesquels a été tracée cette nouvelle via ferrata. Et quelle via : aérienne, sportive voire très athlétique si l'on parcourt la « traversée des toits » (partie évitable), elle satisfera tous les amateurs éclairés, voire bien entraînés. Un très bel itinéraire avec une vue magnifique sur le Diois.

Accès : se rendre au col du Rousset, parking juste avant le tunnel versant Diois. Suivre un chemin qui monte au-dessus de la route vers les rochers de Chironne. Le départ de la via se trouve à droite du site d'escalade.
Retour : sentier balisé, évident.

La 1re partie de la via consiste à gravir une grande dalle puis un dièdre qui mène à la brèche de la « Chandelle ». Quelques pas d'opposition conduisent au sommet de la Chandelle. Quelques ressauts et surtout des poutres (aérien) mènent à la fin du 1er ressaut (niveau D). De là il est possible de s'échapper (niveau PD), permettant soit de redescendre soit de rejoindre la Grande Vire (3e partie, AD) en évitant la 2e partie : la Traversée sous les Toits.

Pour celle-ci, gravir une dalle un peu déversante en diagonale pour enchaîner avec une montée ascendante très athlétique : long dévers et traversée gazeuse au dessus de grands surplombs (passage-clé, TD). Arrivée sur une vire, nouvelle échappée possible avant de poursuivre par la Grande Vire, 3e partie de la via, en belvédère, sans difficulté notoire. La sortie se fait par une série de dalles compactes qui mène au sommet.

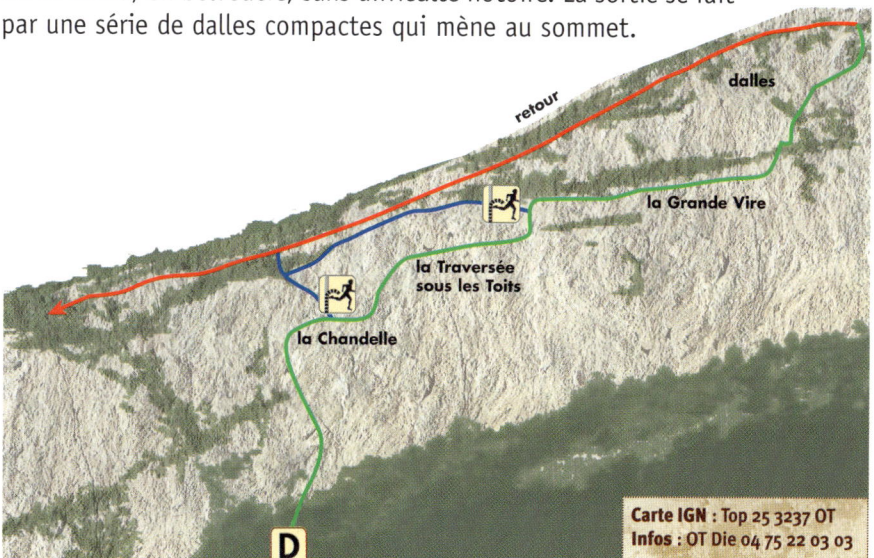

retour

dalles

la Grande Vire

la Traversée sous les Toits

la Chandelle

D

Carte IGN : Top 25 3237 OT
Infos : OT Die 04 75 22 03 03

Drôme • Diois • Luc-en-Diois

AD+ | 200 | 650 | 800 | 0h03 | 1h30 | 0h20 | N

En 1442, le flanc sud du pic de Luc a glissé, heurtant un éperon, il se brisa en blocs énormes et barra la Drôme. Le Claps est un décor impressionnant, mais le chaos de blocs et la grande dalle de calcaire auquel ce glissement de terrain a donné naissance offrent aujourd'hui un site d'escalade très prisé. Les ferratistes ont depuis peu leur terrain de jeu, permettant de découvrir ce site classé. Ne vous laissez pas impressionner par le début de la via, et son « crux » plus difficile que le reste, bien plus tranquille.

Démarrer par une grande dalle assez raide, entrecoupée au départ par un court passage athlétique. Continuer en suivant une grande vire étroite jusqu'à l'échappatoire. La seconde partie de l'itinéraire consiste en une succession de traversées et de petits murs, par des ressauts raides mais peu athlétiques : les dalles Grises. La sortie se fait par le passage de l'Oeil du Claps.

Accès : 2 km après Luc-en-Diois, 15 km au sud-est de Die, en face du chaos de blocs du Claps. Parking après le pont sur la Drôme en venant de Luc-en-Diois. Départ de la via indiqué, sentier balisé pour accéder au départ.
Retour : par un sentier assez pentu, encombré de pierres. Attention à ne pas en projeter sur des personnes situées en aval. Gardez votre casque !

Carte IGN : Top 25 3238 OT
Infos : OT Die 04 75 22 03 03

Drôme • Diois • La Motte-Chalançon

Dans un coin secret de la Drôme se trouve la toute récente via ferrata du Pas de l'Échelle. L'endroit est pittoresque, sauvage à l'automne, et vous ne serez pas déçus par cet itinéraire qui offre malgré sa relativement faible hauteur un caractère gazeux bien affirmé ! Sensiblement plus difficile que sa voisine du Claps, elle mérite une cotation plus élevée, son système de traversées ascendantes se révélant soutenu. Attention aux enfants, certains barreaux peuvent sembler distants... Mieux vaut l'encordement.

Accès : se rendre à la Motte-Chalançon. Du village, prendre la direction de Chalançon, 5 km au nord-ouest. La via se situe 500 m en amont du village, panneau après le pont en pierre. **Retour :** évident, en retrouvant la route à mi-chemin.

Deux départs sont possibles. Du panneau, vous pouvez soit descendre deux échelles puis suivre deux poutres qui longent la cascade en aval du pont ; une sente mène ensuite au niveau de l'arrivée de la tyrolienne. Soit vous empruntez la tyrolienne (poulie adéquate nécessaire) qui se situe cent mètres environ avant le panneau sur le bord droit de la route. Ensuite, une remontée, puis une brève descente conduisent, dans une ambiance déjà aérienne, à un raide pilier. Enchaîner par une traversée ascendante pour arriver à la grotte du Nain. Une échappatoire est possible à ce niveau. Sinon, poursuivre jusqu'à une courte descente délicate. Après une succession de montées-descentes, on atteint le Pied de l'Écaille, un mur doté d'un court surplomb. Continuer par une traversée ascendante, la tête de Chien, gravir un mur aérien, puis atteindre la sortie.

La tyrolienne (variante de départ) a été saccagée déjà une fois en 2005. Espérons que cela ne se reproduira plus.

Carte IGN : Top 25 3138 OT
Infos : OT La Motte-Chalançon
04 75 27 24 67

Alpes-de-Haute-Provence

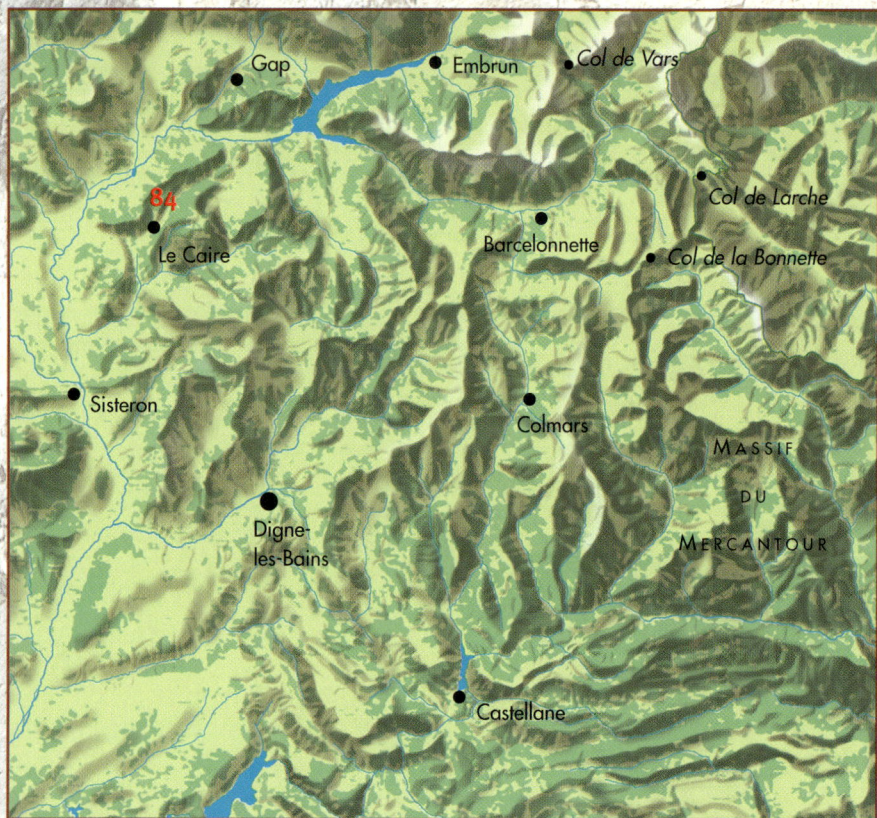

Gap • Embrun • Col de Vars

84

Le Caire •

Col de Larche •

Barcelonnette •

Col de la Bonnette •

Sisteron •

Colmars •

MASSIF

DU

MERCANTOUR

Digne-
les-Bains •

Castellane •

84 • La Grande Fistoire

Alpes-de-Haute-Provence • Sisteron • Le Caire

Avec ses 59 m de long, la Grande Fistoire peut se targuer d'avoir la plus longue passerelle d'Europe. Impressionnant avec ses 200 m suspendus au-dessus du vide, ce passage est particulièrement mémorable. Histoire de profiter encore un peu du gaz, en janvier 2005 la via s'est enrichie d'une poutre et d'un pont népalais de 32 m pour finir par une grande muraille déversante.

D⁺ | 250 | 930 | 1110
0h10 | 4h00 | 0h20 | NE+S

Accès : se rendre au Caire, 4 km après la Motte-du-Caire (26 km au nord-est de Sisteron). Le rocher de la Grande Fistoire se trouve 1 km environ après Le Caire à gauche. Un sentier mène rapidement au pied de l'itinéraire, visible de la route, en face nord-est.
Retour : un chemin évident ramène au parking.

Après le mur de l'Échelle du départ, suivre une vire en diagonale, la vire de la Lavande. Continuer sur ce versant par le dièdre de l'Homme en Rose, d'où l'on atteint une vire. Possibilité de rejoindre directement la passerelle en suivant cette vire à droite. Sinon à gauche le passage du Chêne couché conduit à la face sud, dans laquelle l'itinéraire, nettement plus athlétique, fait des zigzags entre les surplombs : le Petit Bombu, un surplomb, puis le S qui gêne, puis une longue vire sur une dalle couchée mène au Bombu, le surplomb final, physique. Possibilité de l'éviter par l'échappée à gauche, la sortie des Bras-cassés. D'une plate-forme vers 1 100 m, descendre à droite sur l'arête pour venir au-dessus de la passerelle. Une traversée et un ressaut très gazeux mènent au départ de la passerelle de 59 m, suspendue à 200 m du sol... Une fois franchi ce passage gazeux à souhait, on peut conclure par une traversée à droite et un dernier ressaut, mais on peut surtout continuer à gauche par la poutre, traverser sur le pont népalais et remonter la grande muraille.

Face nord-est

Dalle couchée

Petit Bombu

Vire du Chêne

Accès direct à la passerelle

Dièdre de l'Homme en Rose

Nouveau tronçon : poutre, pont népalais et grande muraille

Vire de la Lavande

Sortie des Bras-cassés

Bombu

Face sud

Dalle couchée

S qui gêne

Vire du Chêne

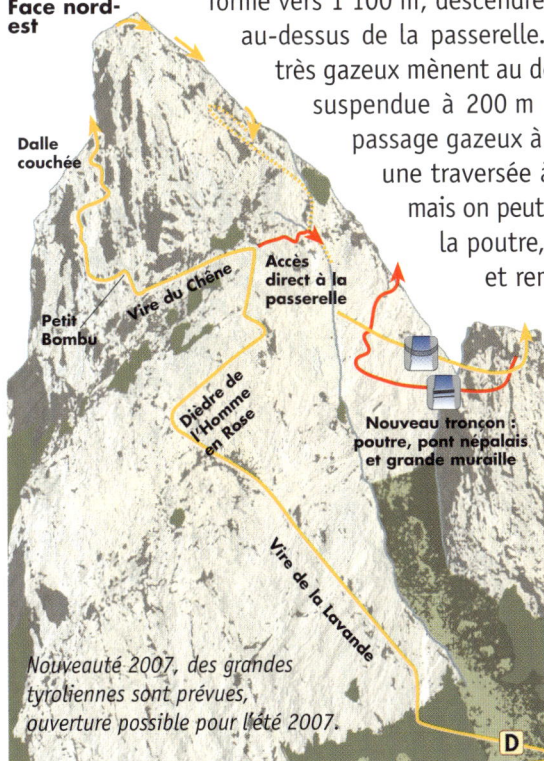

Nouveauté 2007, des grandes tyroliennes sont prévues, ouverture possible pour l'été 2007.

D

Carte IGN : Top 25 3339 ET
Infos : OT 04 92 68 40 39

Alpes-Maritimes

Col de Larche

Col de la Bonette

Auron

86

MASSIF DU MERCANTOUR

87 Saint-Martin-Vésubie

88

Tende **89**

91

85

Puget-Théniers

Breil-sur-Roya

Utelle

90

Vintimille

92

Nice

Monaco

Castellane

85 • Canyons de Lantosque

86 • La Traditionnelle

87 • Baus de la Frema

88 • Comtes Lascaris

89 • La Ciappea

90 • L'Escale à Peille

91 • Les Demoiselles du Castagnet

92 • Balma Negra

Via ferrata des canyons de Lantosque • 85

Alpes-Maritimes • Mercantour • Lantosque

Autour du vieux bourg de Lantosque s'enroulent les flots parfois impétueux du Riou et de la Vésubie. La via des canyons de Lantosque propose de suivre le cours de ces eaux en passant d'une rive à l'autre. Cet itinéraire en trois parties aux difficultés à la fois faibles et progressives mais pittoresque et varié plaira à tous ceux qui visitent la région de la Vésubie... et veulent voir celle-ci de près !

F à D- traversée 1000 500 0h05 **2h00** 0h05 toutes €

Accès : se rendre au village de Lantosque. parking à l'entrée du vieux village. Suivre la rue sur 200 m, panneau via ferrata et péage (via payante), départ dit de la Cougourdière. **Retour :** évident, par les petites rues.

F 0h45 → 200

Les Étroits de Riou

Cette 1re partie est très facile, tout à fait adaptée aux enfants et débutants. On alterne les rives du Riou grâce à de nombreuses passerelles et poutres. La sortie des Pêcheurs permet de s'échapper.

AD 0h45 → 400

La Roche suspendue

Après un début entrecoupé de ponts de singe, le Riou plonge dans la Vésubie dont on remonte alors le cours. Ambiance jungle tropicale avec végétation exubérante... jusqu'à la sortie des Jardins, rive droite, d'où l'on peut regagner le village.

AD 1h00 → 400

Gorges de la Vésubie et passerelle de l'Abîme

Redémarrage par deux ponts de singe, puis longue traversée au-dessus du torrent avant un nouveau pont et une grande remontée verticale. On franchit ensuite la Passerelle de l'abîme pour rejoindre l'église, fin du parcours.

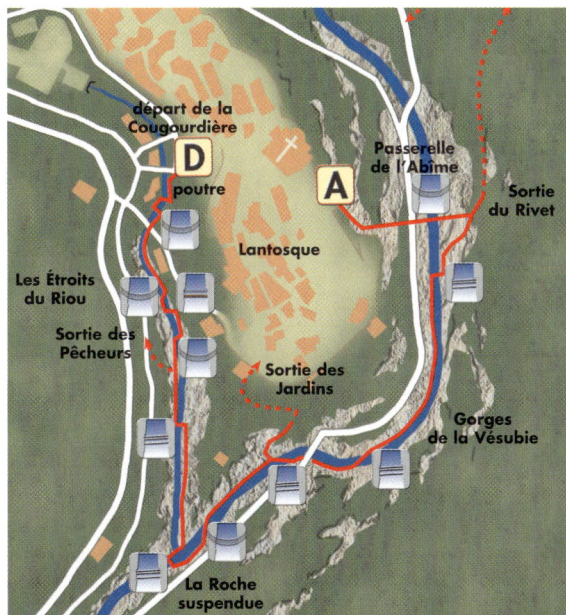

Carte IGN : Top 25 3741 OT
Infos : mairie de Lantosque 04 93 03 00 02

Via ferrata ouverte l'été, les vacances scolaires et les week-ends en dehors des vacances scolaires.

113

Alpes-Maritimes • Mercantour • Auron

| F à TD | 180 | 1800 | 2274 |
| 0h10 | 3h30 | 0h30 | S |

Située dans le Parc national du Mercantour, cette via ferrata se déroule en traversée, le long d'une barre rocheuse sous le sommet de la Bercha, 2274 m. En fait, elle est constituée de

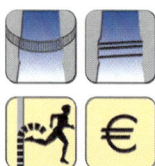

• La première partie suit une vire facile sur 300 m, F.
• Vient ensuite la Grande Traversée, 300 m, D. Quelques passages athlétiques (mais on peut éviter cette partie, comme toutes les autres, par le sentier supérieur), se terminant sur un petit éperon rocheux.
• La passerelle Chalvet, 150 m, AD. La passerelle fait 18 m, partie sans difficultés.
• Continuer par le pont de la Baisse, 250 m, D. Après ledit pont (de singe), une grande traversée assez athlétique lui succède. Possibilité de s'échapper.
• On arrive au pilier à Strates, 150 m, TD. Après un surplomb, on suit une série de traversées en dévers assez pénibles, y compris des descentes de surplombs.

Accès : se rendre à Auron, au-dessus de Saint-Étienne-de-Tinée. Prendre la piste carrossable au bout de la station (panneaux) jusqu'à un lacet vers 2 080 m. Monter direction nord-nord-ouest pour trouver le départ de la via. Il est aussi possible de prendre, à Saint-Étienne, la télécabine de la Pinetelle puis le télésiège de Lieuson. Il faut alors traverser les crêtes vers l'ouest pour retrouver le départ (mais retour en 10 minutes).
Retour : par le sentier qui longe le sommet de la barre rocheuse tout du long, que l'on peut rejoindre par les échappatoires entre chaque partie.

Accès au départ de la 1ʳᵉ via

Carte IGN : Top 25 3639 OT
Infos : OT Auron 04 93 23 02 66

Passerelle de Chalvet

7 tronçons différents, réalisables séparément ou à enchaîner (on peut ainsi éviter les sections les plus dures). Du facile à l'athlétique, chacun pourra y trouver son bonheur, en sachant que l'intégrale réserve une traversée de près de 2 km de long.

À la fin, descendre dans une combe, où démarre :
• La Grande Barre, 250 m, D. Encore des passages en traversée surplombants, et un pont de singe (pont de Combe Armand). Panneau à la fin de ce tronçon.
• Du panneau, descendre au secteur des Passerelles, 400 m, AD : traverser la passerelle de Bois Gaston, puis celle de la Bercha, 46 m (!). Vient ensuite la passerelle de la Croix (on est sur la tour de la Croix), puis un ressaut aérien et raide achève le parcours.

Via ferrata ouverte seulement pendant la saison d'été.
Se renseigner pour un parcours hors saison.

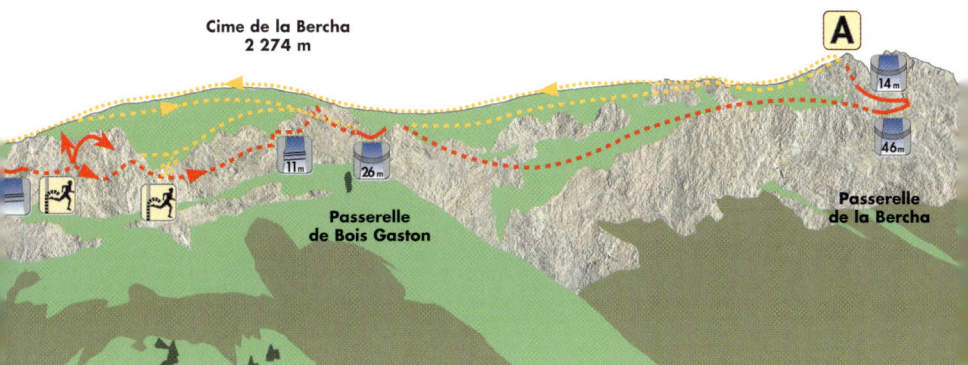

Cime de la Bercha
2 274 m

A

14 m

11 m

26 m

46 m

Passerelle
de Bois Gaston

Passerelle
de la Bercha

D ou TD | 650 | 1600 | 2246 | 0h15 | 5h30 | 0h45 | S

Avec ses 1 600 m de long, la via du Baus de la Frema rivalise avec les plus belles via du genre, et offre la sensation de faire un véritable voyage ludique. À l'époque où elle fut créée, la via ne faisait que la moitié de sa longueur actuelle ; par la suite furent ajoutées des sections comme la passerelle des Aiguillettes. Car c'est bien là l'avantage de ce type de via : réaliser chaque partie selon ses envies, et s'arrêter quand on veut. Il serait quand même dommage de ne pas aller au sommet, 2 246 m, au cœur des Alpes du Soleil...

Gravir l'aiguillette en colimaçon. Franchir l'impressionnante passerelle de 40 m qui mène à l'autre aiguillette. Redescendre de l'autre côté, et suivre le sentier direction rochers du Miéjou. Franchir un surplomb assez athlétique. À l'aplomb de la 1re brèche, continuer à gauche ; par une vire aérienne on rejoint le sentier à la 2e brèche. De là descendre sous la Balme (grotte) à gauche, puis remonter par un ressaut raide ; une traversée mène à l'échelle en dévers que l'on gravit à l'envers (face

Accès : de Nice par la vallée de la Tinée se rendre à la Colmiane, station située au col Saint-Martin entre Saint-Martin-Vésubie et Valdeblore. Prendre la piste carrossable fléchée à droite du centre de vacances (direction nord-ouest), jusqu'au parking, 1 700 m. Là, suivre la piste puis un sentier qui descend à gauche par des échelons dans un couloir. Passer par un trou et rejoindre en en faisant le tour par la gauche le départ des Aiguillettes.
Retour : bon sentier, évident.

au vide). Une nouvelle variante TD permet de passer à gauche de la grotte, sur le pilier gauche de celle-ci, et gravit une succession de murs déversants. On rejoint ensuite l'itinéraire normal, échappatoire possible à droite par le sentier, sinon continuer par l'arête des Calanques, passer par un trou et rejoindre un pont de singe (gazeux !), évitable. Continuer par la dernière partie, le rocher Saint-Luc, dont on remonte à gauche le pilier du Soleil, assez aérien. Des gradins, puis un nouveau trou mènent à un dièdre qui marque la fin des équipements. Rejoindre le sommet du Baus de la Frema (2 246 m).

A
Baus de la Frema
Pilier du Soleil
Descente
Arête des Calanques
Descente
2e brèche
Rochers du Miéjou
La Balme
1re brèche
Descente
D
P

Carte IGN : Top 25 3641 ET
Infos : OT Valdeblore 04 93 23 25 90

Via ferrata des Comtes Lascaris • 88

Alpes-Maritimes • Mercantour • Tende

Les comtes Lascaris étaient des seigneurs médiévaux de la région, dont l'histoire est racontée sur des panneaux jalonnant le « circuit des Comtes Lascaris » : Tende, La Brigue et Peille. À deux pas de l'Italie, le petit village de Tende offre un parcours sympathique, parfois assez physique sur les crêtes de Saint-Sauveur, après une visite au château médiéval et à la chapelle. La seconde moitié de la via se scinde en deux parcours distincts, la grotte des Hérétiques et les crêtes de Saint-Sauveur ; à vous de choisir.

D | **500** | **1000** | **1320**
0h40 | **2h30** | **0h50** | **E et O**

Accès : du parking de la gare de Tende (accès par la vallée de la Roya) suivre la signalétique « via ferrata ». Prendre le sentier qui monte sur le versant ouest des rochers de Saint-Sauveur jusqu'au départ, le péage s'acquitte à l'office du tourisme. **Retour :** suivre le sentier qui longe la falaise en contrebas de la via.

Ne pas suivre le sentier de descente tout droit mais prendre à droite la sente qui mène aux premiers câbles. Des petits ressauts et des gradins faciles conduisent aux ruines du château, puis une traversée athlétique sur la fin mène à la passerelle. Après celle-ci on arrive rapidement à la chapelle Saint-Sauveur. Une descente aisée mène à la deuxième partie, possibilité de s'échapper par le sentier de descente. Sinon au choix : soit suivre les ressauts des crêtes de Saint-Sauveur ; soit passer par le bas et la grotte des Hérétiques, d'où l'on ressort par une série de traversées obliques assez athlétiques (plus difficile que par les crêtes). Les deux parcours se rejoignent à un col, puis une courte descente mène au sentier qui descend au sud-est.

Deux tyroliennes ont été aménagées après les Ruines du Château, la première vers la Chapelle, la deuxième conduit aux abords de la grotte des Hérétiques. Assez longues, ces tyroliennes dominent la vallée : adrénaline garantie. Poulie spécifique obligatoire (Tandem Petzl jaune par exemple).

Attention ! À ce jour, la deuxième partie de la via est fermée pour travaux, ce qui ampute l'horaire de moitié. Se renseigner au préalable.

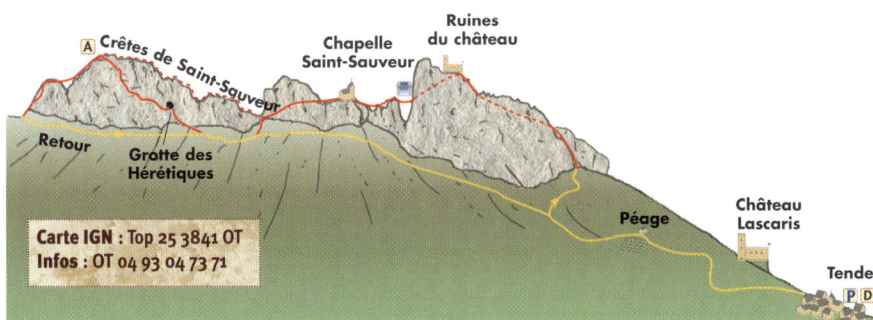

A Crêtes de Saint-Sauveur

Chapelle Saint-Sauveur

Ruines du château

Retour

Grotte des Hérétiques

Péage

Château Lascaris

Tende

P D

Carte IGN : Top 25 3841 OT
Infos : OT 04 93 04 73 71

Alpes-Maritimes • Mercantour • La Brigue

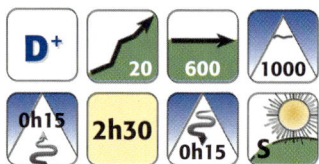

D⁺ 20 600 1000 0h15 **2h30** 0h15 S

Troisième via ferrata du circuit des Comtes Lascaris, cette via ensoleillée toute l'année propose la plus grande tyrolienne en via ferrata : 120 m ! Matériel adéquat et expérience sont nécessaires pour celle-ci, mais, même sans faire la tyrolienne, que les ferratistes amoureux du climat méditerranéen ne se privent pas de la visite !

€

Gravir un premier mur, puis traverser sur la gauche. Franchir un 1er pont de singe, et remonter un éperon aérien jusqu'à une terrasse. Gravir un nouveau ressaut et atteindre le départ de la tyrolienne (voir remarque). De là, soit effectuer la tyrolienne, soit suivre l'échappatoire (signalétique) pour revenir au village ou simplement éviter la tyrolienne. Ensuite, redémarrer par une traversée, puis franchir plusieurs éperons entrecoupés de ressauts et de ponts de singe (6 au total). Après le dernier (et le plus long 27 m) on atteint une zone facile. La traverser, vers l'ouest, pour accéder en haut de la descente à une dernière série de barreaux.

Accès : se rendre à La Brigue, après Saint-Dalmas-de-Tende dans la vallée de la Roya. Parking dans le village. Franchir la Roya sur une passerelle et monter vers les falaises en face du village, où se déroule la via. S'acquitter du péage à l'OT, en face de la via ferrata, qui ouvrira le portillon d'accès. Via ouverte toute l'année, mais l'OT est fermé entre 12 et 14h.
Retour : sentier évident qui ramène sur la route, et de là, au village.

La tyrolienne nécessite obligatoirement une poulie tandem Petzl jaune. Ne pas hésiter à prendre l'échappatoire si vous n'avez pas l'habitude, et bien sûr si vous n'avez pas la poulie adéquate, d'autant que cette tyrolienne est très longue.

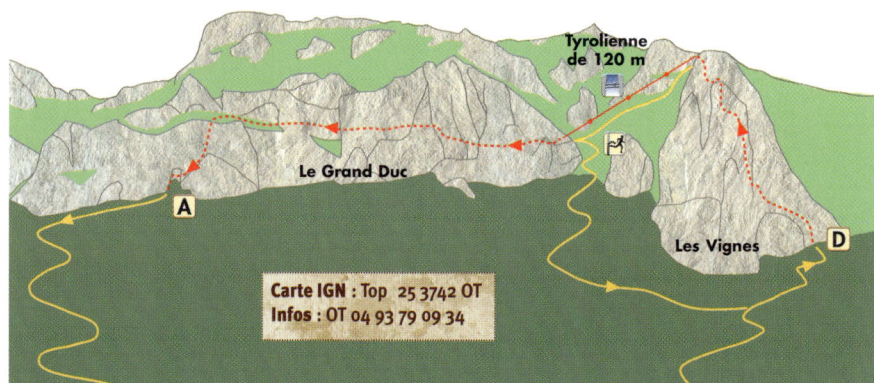

Tyrolienne de 120 m

Le Grand Duc

A

Les Vignes

D

Carte IGN : Top 25 3742 OT
Infos : OT 04 93 79 09 34

Alpes-Maritimes • Mercantour • Peille

Cité médiévale et demeure des comtes Lascaris, le village de Peille, dans l'arrière-pays niçois, peut s'enorgueillir d'avoir construit un parcours original, souvent athlétique, et proposant un passage unique en son genre : le filet du surplomb de la Justice, par ailleurs évitable. L'itinéraire, pour ceux qui en ont le niveau, ménage des vues splendides sur le village.

TD | 230 | 600 | 700
0h10 | 3h00 | 0h15 | S

Accès : depuis Nice par la Turbie, Peille se situe à 15 km de Monaco. Parking indiqué en haut du village. Péage et infos au bar l'Absinthe (mentionné sur les panneaux). Traverser tout le village et descendre en direction de la passerelle franchissant la gorge de Faquin. Un sentier à droite rejoint le départ.
Retour : par un sentier balisé (au nord-ouest).

Franchir une passerelle de 30 m au-dessus du torrent. La première partie consiste à gravir une tour détachée, le baous de Caster (quelques surplombs), puis on franchit la passerelle de 32 m qui la relie à la barma de la Sié (2ᵉ partie). Il y a une échappatoire avant la passerelle. Ensuite, un mur raide puis une traversée mènent à deux surplombs très athlétiques, en passant juste au-dessus du tunnel de la route. Une échappée existe à gauche. Sinon, continuer par un pont de singe, une traversée sous des surplombs. Une traversée aérienne mène à la 1ʳᵉ grotte, puis une descente à une 2ᵉ grotte. Là, deux solutions : soit sortir par le surplomb de la Justice, un filet tendu que l'on remonte face au vide (délicat et physique). Soit à droite la dalle de la Morgelle, plus facile. Après le filet, une traversée athlétique rejoint le haut de la dalle précitée. Un nouveau pont de singe et un mur raide achèvent le parcours, sauf pour ceux que tentent la tyrolienne de 65 m (poulie spécifique obligatoire).

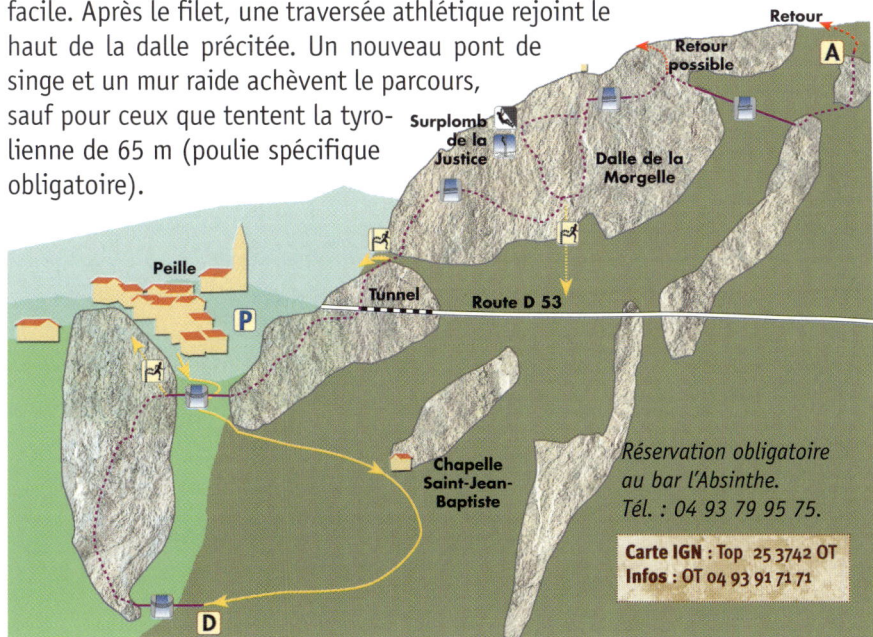

Retour

Retour possible

A

Surplomb de la Justice

Dalle de la Morgelle

Peille

Tunnel

Route D 53

P

Chapelle Saint-Jean-Baptiste

Réservation obligatoire au bar l'Absinthe.
Tél. : 04 93 79 95 75.

Carte IGN : Top 25 3742 OT
Infos : OT 04 93 91 71 71

D

91 • Via ferrata des Demoiselles du Castagnet

Alpes-Maritimes • Mercantour • Puget-Théniers

D | 250 | 750 | 777
0h15 | **3h00** | 0h30 | S

Avant la construction de la via ferrata, les Demoiselles du Castagnet, ces aiguilles de calcaire dominant le village de Puget-Théniers, étaient délaissées. Maintenant vous aurez le plaisir de jouer à l'équilibriste d'aiguille en aiguille, avec une vue quasi aérienne sur le Verdon, la Vésubie, le Var… Un itinéraire magnifique et aérien, relativement abordable.

Gravir une dalle de 80 m, aboutissant à un jardin suspendu, que l'on traverse. Franchir le pont népalais de 28 m, un passage « psychologique », puis remonter un grand pilier assez raide, puis une goulotte de calcaire versant nord. On parvient au sommet de la 1re Demoiselle. À partir de là, on suit la ligne de crête. Après une brève descente, franchir le pont de singe de 25 m (sinon 1re échappatoire : une descente bien équipée puis une remontée facile en face nord de l'aiguille Centrale). Gravir ensuite l'aiguille Centrale. Descente de 10 m et arrivée au départ de la tyrolienne de 80 m. Il est aussi possible de shunter le sommet de l'aiguille Centrale par une traversée dans son flanc nord. Faire la tyrolienne ou (variante/échappatoire) désescalader facilement l'aiguille Centrale. La tyrolienne vous dépose sur la 3e Demoiselle, une brève descente achève l'itinéraire.

Accès : à la sortie de Puget-Théniers direction Entrevaux, prendre la route à droite (avant le chemin de fer) qui conduit directement au parking situé sous les Demoiselles.
Redevance à payer à la Maison de Pays près de la gare à Puget-Théniers.
Retour : par le sentier GR® 510, puis un sentier balisage vert.

La tyrolienne nécessite obligatoirement une poulie tandem Petzl jaune. Ne pas hésiter à prendre l'échappatoire si vous n'avez pas l'habitude, et bien sûr si vous n'avez pas la poulie adéquate.
Il est possible de réserver pour faire cette via (groupes, etc).

Retour

Retour

Carte IGN : Top 25 3641 OT
Infos : OT 04 93 05 05 05

Alpes-Maritimes • Tinée • Roubion

Niché dans la Tinée, le petit village de Roubion, véritable nid d'aigle médiéval, ravira les ferratistes amateurs de tranquillité, mais aussi ceux qui pratiquent d'autres activités. La via étant courte, ils pourront s'adonner au canyoning (le vallon du Moulin à 2 km de là) ou tout simplement à l'escalade (du 3 + au 7b) dans le même secteur que la via ferrata.

AD | 50 | 300 | 1300
0h20 | 1h00 | 0h15

Accès : Roubion se situe au-dessus de Saint-Sauveur-sur-Tinée (par la D 30), à 73 km de Nice. La via ferrata se situe au cœur du site d'escalade au lieu dit de la Grotte de la Balma, au sud-ouest du village. L'accès se fait par le haut du village puis en prenant le GR qui monte vers les falaises. La via ferrata se trouve dans le secteur de la Balma Negra, la falaise orangée en haut à gauche. Le sentier monte vers les premiers secteurs d'escalade (la Couesta et le Barri) que l'on laisse à droite pour monter à gauche vers la grotte de la Balma, départ sous celle-ci à droite. **Retour :** sentier évident qui rejoint le départ en quelques minutes.

Démarrer par un mur qui conduit à l'angle droit de la grotte. Traverser sous celle-ci vers la gauche, puis monter au-dessus sur un pilier à gauche. Une traversée ascendante au-dessus de la grotte ramène à droite. Atteindre un pont de singe et le traverser pour achever l'itinéraire.

Ouvert tous les jours en juillet-août, les week-ends en intersaison. Se renseigner à l'OT pour les ouvertures en semaine et le restant de l'année.

Carte IGN : Top 25 3641ET
Infos : OT 04 93 02 10 30

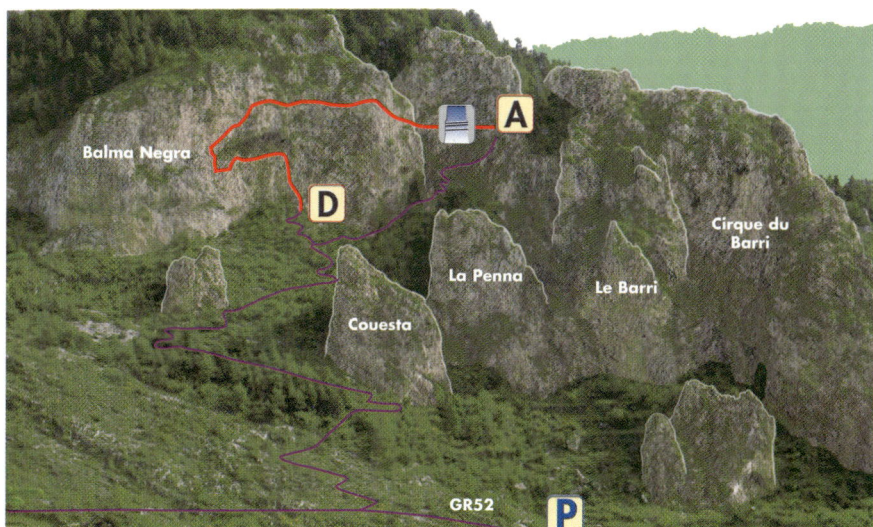

Via ferrata de la Grotte à Carret

Via ferrata des Escardilles.

Via ferrata des Demoiselles du Castagnet.

Les autres via ferrata françaises et d'Andorre

Allier • Lignerolles

PD 100 200 360

0h10 0h30 0h10 nc

Nouvel itinéraire, la via ferrata des gorges du Haut-Cher est un bon prétexte pour découvrir la région de Montluçon. Sans aucune difficulté, hormis l'appréhension naturelle causée par le franchissement de deux passerelles (faciles !), cet itinéraire est tout à fait conseillé pour des débutants, et les familles au complet.

Démarrer par un petit mur raide, et poursuivre par une traversée vers la gauche. Un petit passage aérien au-dessus d'une zone de surplombs permet d'accéder à la première passerelle, au-dessus d'un couloir encaissé. Une éhcappatoire est alors possible. Continuer par un ressaut vertical, qui conduit à une cheminée, une faille naturelle assez étroite (gare au sac à dos !) que l'on traverse pour déboucher sur un éperon. Remonter celui-ci pour atteindre le sommet d'une tour. Quelques mètres de descente permettent de rejoindre la deuxième passerelle. Une fois celle-ci franchie, un court passage câblé achève la via.

Accès : Lignerolles se situe à 6 km au sud de Montluçon. Dans le village, prendre la direction de la gare, franchir la voie ferrée puis prendre un chemin carrossable sur la gauche. Parking quelques centaines de mètres en contrebas. Prendre ensuite le sentier qui descend sur les rives du Cher, puis suivre le sentier sur le bord de la rivière jusque vers un petit muret. Le départ de la via se trouve à proximité.
Retour : évident.

Carte IGN : Top 25 2428 OT
Infos : OT de la Vallée de Montluçon, 04 70 05 11 44

Loire • Pilat • Planfoy (Saint-Étienne)

Nichée dans le massif du Pilat, cette via ferrata permet de visiter le site magnifique du barrage du Gouffre d'Enfer, à deux pas de Saint-Étienne. D'un niveau abordable, elle inaugure l'activité via ferrata dans le centre de la France. Attention cependant à ne pas faire tomber de cailloux sur le chemin pédestre du Gouffre d'Enfer que surplombe la via ferrata.

AD | 150 | 600 | 825
0h45 | **2h00** | 0h30 | **S-E**

Accès : depuis Saint-Étienne, prendre la direction du col de la République (direction Firminy). Parking dans Planfoy. Depuis l'église, prendre la 1re à droite. Dépasser les dernières maisons du Closel et descendre jusqu'à la forêt. Suivre le sentier de gauche. Brève remontée au sommet de laquelle on peut s'équiper, puis grande descente (quelques passages raides et câblés) jusqu'au départ de la via ferrata proprement dite.
Retour : suivre à gauche un sentier qui monte assez raide ; en 5 minutes, on retrouve celui emprunté à l'aller.

Démarrer par deux traversées, la première ascendante, la deuxième sous un surplomb. Une succession de petits ressauts, puis une planche de 5 m permet de passer une gorge, et d'atteindre une terrasse (pin). Gravir un mur de 15 m avant de redescendre par des vires jusqu'à une passerelle de 20 m. À la suite de celle-ci, possibilité de s'échapper par un sentier. Sinon, s'engager dans la 2e partie qui gravit la pointe rocheuse dominant le barrage du Gouffre d'Enfer. On passe au niveau d'une grotte par un pont de singe (créé en 2006) avant de gravir le pilier final. Une dernière passerelle clôt le parcours.

PD | 0h30 à 1h00

Nouveauté : un deuxième tronçon, appelé **les Pillots**, qui est destiné aux enfants et débutants (barreaux rapprochés). Suivre le balisage « via ferrat'enfant » depuis le centre bourg de Planfoy. Au départ du gouffre d'Enfer, cette via démarre par un beau pilier et une passerelle puis, après des vires, navigue dans les arbres (!) avant de revenir sur le rocher : 7 passerelles au total ! À noter, réglementation spécifique : encordement obligatoire.

Infos : Tourisme Loire
04 77 43 24 42

95 • Via ferrata du Puy des Juscles

Haute-Loire • Chaîne des Puys

F à AD | 80 | 400 | 980 | 0h20 | 1h30 | 0h20

Peu à peu, la via ferrata gagne des régions « exotiques » (on peut même dire volcaniques !) : le Cantal, la Loire, et maintenant la Haute-Loire. Un bon prétexte pour découvrir le panorama fantastique des Puys et grimper sur un site datant de 12 millions d'années... La via ferrata se présente sous la forme de deux parcours que l'on peut enchaîner à sa guise. L'un sera vraiment parfait pour les enfants, avec un niveau F, tandis que l'autre, plus sportif, tourne autour de AD.

La via démarre par une petite montée qui conduit à un filet himalayen, qui fera la joie des néophytes. Franchir un petit ressaut, puis une passerelle pour rejoindre un arbre, et enfin un pont de singe. Deux options se présentent : soit le parcours découverte (un petit sentier), soit le parcours sportif (échelle). Les deux se rejoignent un peu plus loin pour proposer au choix une poutre ou une tyrolienne. Ensuite, on a à nouveau le choix entre le parcours découverte (facile) ou le sportif avec passage souterrain et échelle. Enfin, on franchit en suivant le parcours sportif une plus grande échelle, avant une dernière passerelle.

Accès : depuis Saint-Étienne direction le Puy, traverser le village du Pertuis. Prendre la direction de Rosières (D35) sur 1,3 km : parking sur le côté, panneau via ferrata. L'approche se fait sur un sentier balisé et fléché.
Retour : par un sentier évident.

Carte IGN : Top 25 2835 OT
Infos : OT du Meygal (Saint-Julien Chapteuil), 04 71 08 77 70

Le Cantal avec le Puy Mary méritait bien sa via ferrata puisqu'on y pratique aussi bien d'autres activités alpines : du ski et même de l'alpinisme sur les pentes du Puy Mary, voire de la cascade de glace certains hivers ! La via du Lac des Graves est du domaine du plus raisonnable : on peut au choix corser la difficulté en prenant la variante difficile (D), mais courte, ou bien préférer contourner cette difficulté.

PD
D
120 · 150 · 850
0h15 · **1h30** · 0h30

Accès : depuis Aurillac, prendre la direction du Puy Mary par la D17. Le lac des Graves se trouve après Velzic, sur la droite. Parking près d'un hôtel, d'où l'on voit le lac dominé par la falaise. Contourner le lac par la droite à travers les prés. Franchir la Jordanne par un pont et rejoindre le départ de la via en suivant un chemin à gauche (balisé).

Retour : on emprunte un sentier raide et glissant (quelques cordes sécurisent le passage) puis un pierrier ramène au pied de la falaise et au lac.

On a le choix dès le départ entre la version « facile » et la version « difficile » : un passage vertical voire légèrement déversant d'une dizaine de mètres dès le départ de la variante difficile. Ensuite les deux variantes se rejoignent pour ne former qu'un, et emprunter de nombreuses vires naturelles. peu avant la sortie, un court mur vertical peut rebuter certains : on peut facilement lui préférer l'échappatoire pour gagner la sortie toute proche.

Carte IGN : Top 25 2435 OT
Infos : mairie de Lascelle
04 71 47 92 07

AD+ | 100 | 490 | 560
0h10 | 2h | 0h25 | S et O

L'Ardèche a toujours demandé aux hommes de l'inventivité. L'idée de la traverser sur un câble ne date pas d'hier, mais elle est aujourd'hui transposée dans la via ferrata du Pont du Diable qui offre une tyrolienne de 90 mètres. Rassurez-vous, elle n'est pas obligatoire, et vous pourrez découvrir ce magnifique itinéraire surplombant les eaux limpides de l'Ardèche sans difficulté notoire, bien que certains trouveront l'ensemble assez aérien à leur goût...

L'itinéraire se déroule en deux parties : tout d'abord rive gauche, puis rive droite de l'Ardèche. Depuis le parking (panneau), on rejoint rapidement le départ de la via ferrata. Démarrer en descente par le passage de l'Échelle du Roi. De là, trois possibilités.

Accès : la via se situe entre Thueyts et le Puy. Se garer au parking du stade à l'entrée de Thueyts (en amont).
Retour : retour évident depuis la table d'orientation.

• 1re option : suivre le sentier qui descend à droite pour rejoindre le pied du pilier qui domine l'Ardèche, rive gauche toujours, en passant par le pont de Dien avant de remonter au départ de la tyrolienne (non obligatoire).

• 2e solution : prendre au centre le passage câblé qui permet d'éviter la section basse du pilier, en descendant directement au départ de la grande tyrolienne de 90 m. Celle-ci amène au départ de la seconde partie de la via, rive droite.

• 3e possibilité : prendre à gauche le sentier qui rejoint la rive droite en passant par le Pont du Diable, en évitant ainsi la première partie rive gauche.

Une fois atteinte la rive droite par le pont du Diable ou la tyrolienne, la seconde partie démarre par la passerelle de la Rate. Gravir ensuite un pilier, enchaîner par une traversée facile, puis, après la grotte, franchir un ressaut raide. Traverser jusqu'à un petit ressaut. Une dernière traversée mène au mur final.

Carte IGN : Top 25 2837 OT
Infos : OT Thueyts 04 75 64 85 54

Accès par échelle du Roi
Vers pont du Diable et rive droite
Accès direct tyrolienne
D
Sortie directe
Pont de Dien
RIVE GAUCHE

Retour pont du Diable
A Belvédère
Passerelle de la Rate
Arrivée tyrolienne
RIVE DROITE
Accès par pont du Diable

Jura • Morez

Capitale de la lunette et village typique du Haut-Jura, Morez s'est doté de sa via ferrata récemment. Pendant la progression, c'est peu dire que l'on domine la ville. L'itinéraire se déroule en deux parties, la deuxième pouvant être close en période de nidifications d'oiseaux.

AD⁺ | 220 | 400 | 918
0h10 | 1h30 | 0h10 | nc

Accès : la via ferrata empruntant la falaise qui domine la ville de Morez, il est conseillé pour accéder au départ de stationner place Jean-Jaurès au centre ville de Morez puis d'emprunter à pied le CD 69, direction Longchaumois et Saint-Claude jusqu'au panneau via ferrata (départ un peu plus loin). Le départ étant à proximité de la route, attention aux voitures.
Retour : depuis le belvédère, prendre le sentier à gauche qui descend dans la forêt.

Démarrer par un pilier assez raide, qui conduit à une passerelle, puis à un pont népalais. Poursuivre en ascendance à gauche pour atteindre la forêt et la fin de la première partie ; suivre le sentier de liaison (sortie de secours par le sentier qui rejoint le chemin de descente à gauche) jusqu'à la deuxième partie, qui débute par une traversée à gauche, la Traversée du Faucon. Enchaîner par une nouvelle passerelle puis sortir sur l'arête sommitale par des rochers plus faciles. On arrive près du belvédère dominant la ville.

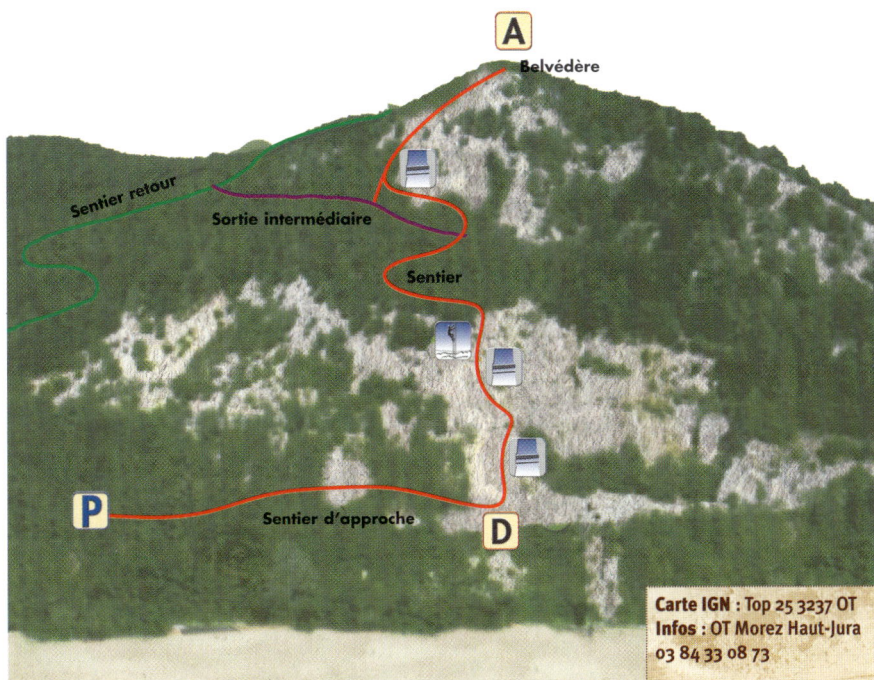

A — Belvédère
Sentier retour
Sortie intermédiaire
Sentier
P
Sentier d'approche
D

Carte IGN : Top 25 3237 OT
Infos : OT Morez Haut-Jura
03 84 33 08 73

Ain • Tenay/Hostiaz

D	↗ 0 650	→ 760

| 0h10 ⬇ | 1h30 🔄 0h10 | ☀ 0 |

Première via ferrata à éclore dans le département de l'Ain, pourtant riche en falaises et en possibilités, la via de la Guinguette permet de franchir les falaises qui dominent Tenay, et de sortir sur le plateau d'Hostiaz. La via démarre par un sentier câblé dans les arbres, une « mise en jambes » avant une deuxième partie très aérienne sur un rocher très franc. Au final, une belle initiative, d'un niveau abordable, pour découvrir cette vallée de l'Albarine.

Nouveauté 2005 : un parcours inédit au-dessus de la première partie dans les buis, précisément dans le but d'éviter celle-ci. Parcours ludique avec pont de singe, échelle et poutres. Echappatoire à la fin de ce nouveau tronçon, avant d'entamer la seconde partie.

La première partie de la via ferrata débute par une traversée, dite des « Buis », puis continue par une vire facile. L'itinéraire est progressif dans la difficulté, et franchit un surplomb jaune avant de déboucher sur la petite descente vers le « Petit Jardin ». Une ascension aérienne jusqu'au « Grand Jardin » permet d'arriver au clou de la via : la passerelle, fort mobile. Ensuite, un petit pilier en face sud-ouest puis une traversée, et enfin un dernier mur raide permettent de sortir.

Accès : depuis Ambérieu en Bugey, se rendre à Tenay puis Hostiaz. Depuis le gîte d'étape au centre du village, descendre à gauche puis continuer sur un chemin de terre. Parking, panneau « via ferrata ». Continuer à pied jusqu'au point de vue puis descendre à gauche le long de la falaise pour trouver le premier câble sur un arbre. **Retour** : par un sentier balisé.

La première partie de la via étant « boisée », on évitera cette via après une période de pluie.

Carte IGN : Top 25 3231 OT
Infos : OT Saint-Rambert-en-Bugey / vallée de l'Albarine 04 74 36 32 86

Ain • Léaz

Deuxième du département de l'Ain, cette via ferrata vous donne l'occasion de conquérir un fort ! Principal attrait des lieux : le fort l'Écluse, un ensemble de fortifications qui, du Moyen Âge, est devenu au début du XIXe siècle un ensemble imposant. Constitué de deux forts, supérieur et inférieur, le fort l'Écluse se devait de défendre la France contre la Savoie, qui n'était pas française à l'époque. Construite sur les flancs des rochers à proximité du fort, la via ferrata relie le fort inférieur au fort supérieur. L'itinéraire est sans difficulté particulière, avec outre le fort la vue sur la Valserine.

AD	150	400	580
0h05	1h30	0h20	S

Accès : depuis Bellegarde, suivre la N 206 direction Léaz (5 km). Parking du fort l'Écluse à droite avant le tunnel, en amont du village. Sentier jusqu'au départ.
Retour : la descente s'effectue d'abord par la petite route, puis par un sentier qui ramène jusqu'au parking de départ, vers l'entrée du fort inférieur.

L'itinéraire démarre par une succession de petits ressauts entrecoupés de vires confortables. On atteint ainsi le pied du fort supérieur, dont on longe la base par une vire jusqu'au fossé sous le pont-levis. Franchir celui-ci par un pont de singe de 15 m, puis gagner par un petit ressaut la sortie, c'est-à-dire la route d'accès au fort (interdite à la circulation). Fin du parcours.

Le fort se visite de mi-juin à mi-septembre (4,50 € l'entrée).

Carte IGN : Top 25 3330 OT
Infos : OT Bellegarde, 04 50 48 48 68

D o u b s • O r n a n s

AD TD+	nulle	380	480
0h05	1h15	0h15	S-E

Deuxième via ferrata du département après celle de Nans-sous-Sainte-Anne, la via d'Ornans est ouverte depuis 2004. Il y a donc matière à ferrater dans le département du Doubs qui, s'il n'a pas les hautes montagnes des Alpes, offre de belles falaises que l'on peut parcourir en traversée comme ici à Ornans. Deux échappatoires permettent d'adapter la sortie à son niveau ou au temps dont on dispose : l'ensemble du parcours reste toutefois abordable.

La nouvelle sortie, créée en 2006, vaut TD + : très « à bras », elle est à réserver aux ferratistes entraînés (extension optionnelle, longe courte conseillée, poutres, pont de singe).

La via consiste à traverser la falaise de droite à gauche. L'itinéraire débute par une échelle pour gagner le premier pilier. Ensuite, on enchaîne une succession de traversées entrecoupées de passages raides mais courts, et, successivement, de pont de singe, poutre et pont népalais. La première échappatoire se situe juste avant le premier pont, tandis que la deuxième se situe approximativement à mi-parcours. Après la dernière grande traversée, sous le Belvédère et la Vierge, le dernier pont livre l'accès à l'échelle de sortie.

Le nouvel itinéraire revient et passe en fait sous la vire du parcours AD+, pour sortir sur celui-ci avant le belvédère de la Vierge. De là, il est possible de sortir directement par la Sortie du Grand Corbeau, surplomb très athlétique (TD+/ED).

Accès : la via ferrata de la Roche du Mont emprunte la falaise qui domine le village d'Ornans. Un chemin évident mène au départ en quelques minutes.
Retour : par un sentier balisé.

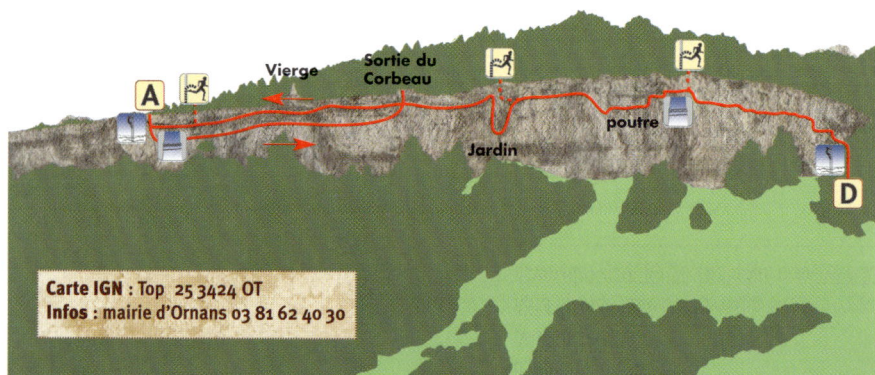

Carte IGN : Top 25 3424 OT
Infos : mairie d'Ornans 03 81 62 40 30

Cette via ferrata, une nouveauté de l'année 2002, est la première via du Doubs. La via se déroule dans le cirque du Verneau, dominant le beau village de Nans-sous-Sainte-Anne. Elle est constituée en fait de trois circuits, différentes

AD	200	800 total	750
0h10	3h00 au total	0h10	S-O N-O

parties qui peuvent s'enchaîner ou non. Le circuit de la Grande Baume vous fera parcourir les deux premières parties (avec une échappée), puis une traversée dans les bois vous amènera au cricuit de la Grande Falaise. Une fois celle-ci franchie, vous aurez le choix, lors de la descente, de rentrer au village ou d'effectuer le dernier circuit, le circuit du Château.

Accès : du centre du village de Nans-sous-Sainte-Anne, dépasser l'église et atteindre le gîte accueil du Lison (panneau d'information).
Retour : voir itinéraire.

€

Du gîte Lison, suivre le balisage. Démarrer par un pont népalais de 15 m puis un pont de singe. Un petit mur mène à la grande baume, que l'on traverse à gauche, et dont on s'échappe par un petit mur (échappée à gauche en sortie). Une traversée aérienne mène à un éperon que l'on remonte sans difficulté. Fin du Circuit de la Grande Baume, possibilité de redescendre (par la cascade du Verneau). Sinon, continuer par le circuit de la Haute Falaise : un sentier dans les bois entrecoupé d'un petit ressaut (dit du Chamois) mène à la traversée des Petites Baumes. Après une vire (dite du Corbeau), une montée directe de 40 m permet de gagner le sommet de la falaise. De là, suivre le fléchage qui conduit (descente câblée) au village, ou au dernier circuit : celui du Château. Il est possible d'effectuer seulement ce circuit en aller-retour au départ du village. L'ascension du Château démarre par une montée de 30 m dans une dalle, à droite d'un dièdre, avant une traversée sur poutre. Un ressaut assez athlétique (pour le niveau) et une traversée achèvent ce circuit. Descente évidente par l'itinéraire équipé. La combinaison des 3 circuits représente la via en intégralité.

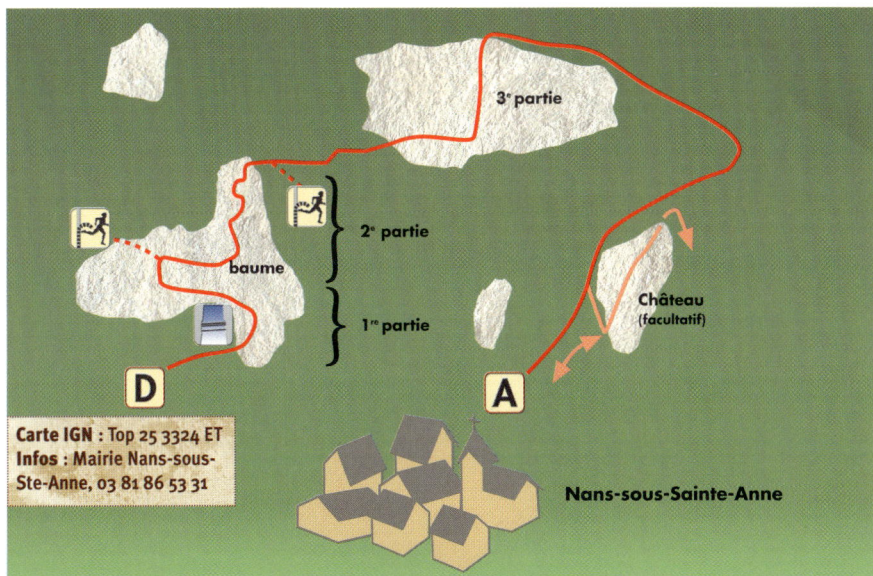

3ᵉ partie
2ᵉ partie
baume
1ʳᵉ partie
Château (facultatif)
D
A
Nans-sous-Sainte-Anne

Carte IGN : Top 25 3324 ET
Infos : Mairie Nans-sous-Ste-Anne, 03 81 86 53 31

Aveyron • Sainte-Geneviève-sur-Argence

AD
D
200 800 600

2h00
au total **toutes**

Voici un itinéraire ludique et abordable qui se déroule dans les gorges de la Truyère, dans le nord de l'Aveyron. Ambiance « jungle » garantie sur des blocs de rochers fort originaux. À noter, une variante bien physique sur un pilier déversant qui devrait venir à bout des « gros bras ».

La première partie de l'itinéraire présente un profil descendant avec une succession de petits ressauts d'une quinzaine de mètres. On trouvera aussi un pont de singe puis une passerelle au-dessus des cascades. La deuxième partie plus physique propose une remontée dans un dièdre jusqu'au pont de singe final.

La variante difficile : après la grande passerelle à mi-chemin de l'itinéraire classique, descendre jusqu'au bord de la rivière. Remonter ensuite un pilier de 70 m dont la fin est en dévers. On rejoint ainsi l'itinéraire classique. À ne conseiller qu'aux amateurs avertis.

Une échappatoire est possible après la passerelle (pour éviter le passage difficile qui suit). Enfin, une variante facile permet d'éviter la cheminée finale en opposition.

Accès : Sainte-Geneviève se situe à 60 km au sud-est d'Aurillac, et à 20 km au nord-ouest de Laguiole. À partir du village de Sainte-Geneviève, prendre la direction de Bénaven sur 3 km. Un panneau indique ensuite la direction du parking que l'on atteint par une piste forestière (à droite) sur 3 km. Le départ de l'itinéraire est fléché depuis le parking.
Retour : il s'agit d'un parcours en boucle qui se termine au point de départ.

Carte IGN : Série bleue Laguiole 2437 est
Infos : OT Sainte-Geneviève 05 65 66 19 75

Aveyron • Millau

Fief du vol libre – parapente, delta – et de l'escalade avec les gorges du Tarn et de la Dourbie, mais aussi du VTT et de la spéléo, Millau et sa région offrent dorénavant une toute nouvelle via ferrata – deux parcours distincts en fait – aux amateurs de sentiers du vertige : un itinéraire débutants et un autre plus sportif avec des sections fort gazeuses. Une raison de plus pour venir visiter cette région riche d'un environnement exceptionnel et parfois méconnu.

Accès : depuis Millau, sur la rocade traverser le pont de « Cureplat » direction gorges de la Dourbie, Montpellier-le-Vieux. Après le pont, suivre la direction « site de Boffi » sur la D 110. Après 8 km, suivre le panneau « site de Boffi » (piste) jusqu'à un parking. Du parking, suivre la piste pendant 20 minutes jusqu'au panneau indiquant le site d'escalade et la via ferrata. Balisage jaune et rouge jusqu'au début de l'itinéraire.
Retour : par le sentier balisé en vert.

Des panneaux d'informations sur la flore, la faune et le paysage sont disposés tout au long des parcours. Topo-guide complet de la via en vente à l'OT de Millau. ATTENTION : via fermée jusqu'au 15 mai (nidification) et accès limité du 15 mai au 15 juin. Se renseigner au préalable.

La première partie du parcours propose un passage sur une passerelle de 20 m commune aux deux itinéraires.

PD | 200 | 700 | 820 | 0h20 | 1h30 | 0h15

Itinéraire débutants

L'itinéraire débutant (balisé en jaune) monte vers une grande vire et présente un profil assez horizontal hormis une descente et deux courtes remontées.
Ne convient pas aux enfants de moins de 1m30.

D | 200 | 900 | 820 | 0h20 | 2h00 | 0h15

Itinéraire sportif

Cet itinéraire difficile descend. Les avant-bras vont chauffer dans un dévers et sur deux ponts de singe aériens, suivis d'une remontée sur le plateau assez physique. La dernière partie ne comporte pas de difficulté, et offre un panorama de toute beauté sur les gorges de la Dourbie et sur le mont Aigoual au loin.

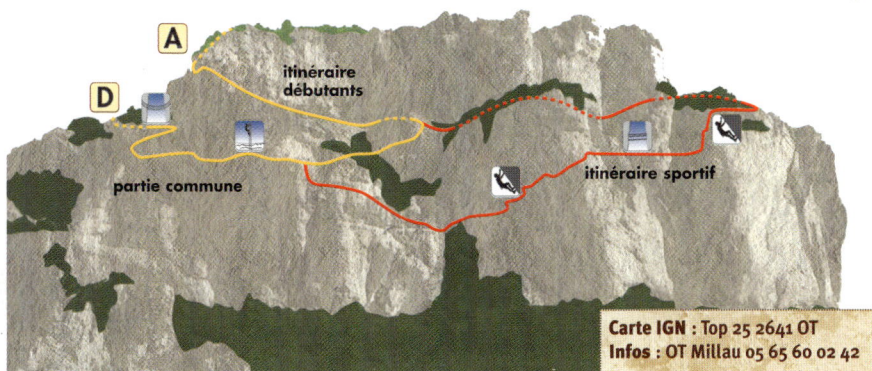

itinéraire débutants

partie commune

itinéraire sportif

Carte IGN : Top 25 2641 OT
Infos : OT Millau 05 65 60 02 42

D ou TD · 150 · 250 · 1110 · 0h05 · 1h00 · 0h30

Toute nouvelle (créée en 2002), la via ferrata de Siala permettra aux ferratistes de découvrir ce magnifique coin des Pyrénées qu'est Gourette. Après un départ commun assez facile (échappatoire possible), la via de Siala se scinde en deux tronçons distincts : à gauche un itinéraire sans surprise de niveau D, à droite une sortie surplombante de niveau TD. Chacun trouvera donc via à sa pointure, en sachant que cette via de Siala est très riche en barreaux... Pas de souci donc.

Deux départs possible : l'original, qui débute par un pont népalais permettant de franchir le torrent suivi d'un bref sentier menant aux premiers barreaux. Ou alors le nouveau départ, près du torrent : tyrolienne, progression sur quelques mètres puis retour sur l'autre rive par un pont de singe pour ressortir sous le départ du pont népalais « original ». Après le bref sentier, l'ascension, rectili-gne, est facilitée par la présence de (trop) nombreux barreaux, remontant un pan incliné. On arrive à l'embranchement. À gau-che, c'est le plus facile, niveau D. À droite, la via franchit deux surplombs athlétiques et sort par des passages assez aériens, niveau TD.

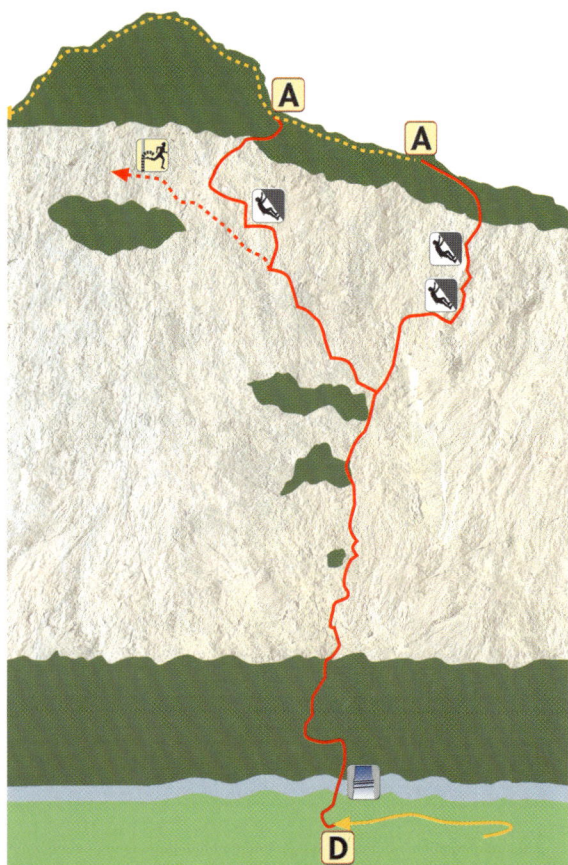

Accès : la via se situe entre Eaux-Bonnes et Gourette. Depuis Pau, se rendre à Laruns, puis par la D918 à Eaux-Bonnes. Continuer sur 4 km après Eaux-Bonnes. Un panneau sur la droite en montant indique la via (sous le bâtiment d'un ancien centre de vacances). Parking un peu plus loin. Suivre un sentier qui descend pour atteindre le départ de la via.
Retour : un sentier monte à travers la forêt (balisage avec panneaux en rouge) jusqu'à la route (15 minutes). De là, suivre la route pour revenir à la voiture (15 minutes).

Carte IGN : Top 25 1546 ET
Infos : OT 05 59 05 33 08

Au cœur des Pyrénées, un itinéraire court mais original : la via de Luz se déroule dans la falaise sous le pont Napoléon à la sortie du village. Très facile d'accès, l'itinéraire comporte un pont népalais, un passage en dévers, mais aussi une tyrolienne de 110 m utilisable en présence d'encadrement seulement (renseignements à l'office de tourisme). Bref, une petite via sympa avant d'aller se défouler sur les sommets du majestueux cirque de Gavarnie, à deux pas de Luz.

D⁻ | 70 | 150 | 700
0h05 | **0h45** | 0h01 | N-E

Accès : se rendre à Luz-Saint-Sauveur (30 km au sud de Lourdes, direction Gavarnie), à la sortie du village se garer au pont Napoléon. Un petit sentier descend juste avant le pont en rive gauche, pour atteindre le bord de la rivière.
Retour : instantané !

Le départ se fait en amont du pont. Démarrer par un mur raide, puis une petite vire et un bref passage déversant. Continuer en traversée pour atteindre le pied de la pile de pont. Poursuivre en traversant jusqu'à un mur, et gravir un pilier aérien. Atteindre une vire sous la plate-forme de départ de la tyrolienne (en option, réservation et encadrement obligatoires). Une dernière traversée ramène au pied du mur de soutènement du sentier de départ.

Carte IGN : Top 25 1748 OT
Infos : OT 05 62 92 30 30

AD D+ | 260 | 800 | 1659 | 0h10 | 1h00 | 0h30 | S

Première via ferrata du massif pyrénéen français, la via des Escardilles se situe au cœur de la Serdagne, dans la vallée du Sègre, sur les contreforts du Puigmal (massif qui culmine à 2 910 m). L'itinéraire est en traversée – deux variantes (Llisses de Llo, AD ou Llisses dretes, D+) sont possibles qui parcourent la falaise d'El Lladre – et aboutit à la chapelle San Feliu, d'où la vue sur la Serdagne est splendide. Le village de Llo est réputé pour ses eaux chaudes naturelles sulfureuses.

€ | |

Franchir une passerelle pour passer rive droite du Sègre. La progression est facile ; on arrive à la jonction entre, à gauche, la variante facile des Llisses de Llo (AD) et, à droite, la difficile des Llisses dretes (D+). La première se parcourt aisément, tandis que la seconde se termine par l'athlétique pas des Hirondelles, un passage en dévers. À la jonction des variantes, poursuivre par des vires aériennes jusqu'à un nouveau passage raide, le rocher de l'Isard. Une traversée gazeuse et un ressaut mènent à l'abri des Bœufs, un surplomb sous lequel on passe. Une dernière montée directe conduit au site de San Feliu (chapelle romane), à 1 659 m.

Accès : par la N 116 gagner le village de Saillagouse, puis le CD 33 en direction de Llo. À l'entrée du village, prendre à droite en direction des gorges du Sègre, parking aux Bains-de-Llo. Panneau et cabane de péage via ferrata.
Retour : suivre le sentier balisé direction nord-est qui ramène au village de Llo, que l'on traverse pour revenir au parking des Bains.

Hors saison, ouvert les vacances scolaires et les week-ends ou sur réservation.

Carte IGN : Top 25 2250 OT
Infos : mairie de Llo 04 68 04 70 00

Ariège • Pyrénées • Castillon

Au pied du mont Valier, située à deux pas du refuge des Estagnous, la via du même nom est un itinéraire nouveau, en 2 parties de 620 m pour un total de 1200 m. La via serpente à flanc de paroi au-dessus de deux magnifiques lacs

| AD à D | | 0 | 1200 | 2250 |
| 3h45 | 2h00 | 2h30 | O |

d'altitude, et relie en traversée légèrement descendante (de 2 245 à 2 150 m) le refuge des Estagnous à l'étang Long. Il est chaudement recommandé de passer la nuit au refuge des Estagnous, voire d'y passer un jour supplémentaire pour faire l'ascension du mont Valier, 2 838 m.

Accès : la via des Estagnous se situe à 15 km de Castillon et à 3h30 de marche du parking (1300 m de dénivelée). Depuis l'A 64, prendre la sortie n° 20 Saint-Girons. De Saint-Girons, prendre à droite la D 618 en direction de Castillon puis Sentein. Environ 2 km après le pont de Bordes, prendre le 2ᵉ embranchement à gauche en direction d'Ayer. Suivre la route jusqu'au parking du Pla de la Lau (920 m).
Retour : plusieurs solutions. De l'étang Long, vous pouvez soit redescendre par le sentier GR® du refuge (pris à la montée), en rejoignant l'étang Rond et la cabane de Caussis. Mais il est aussi possible de descendre (plus long) par la cabane de Barlonguère et Peyralade. Enfin, il est possible de remonter au refuge par le sentier (1h30), pour faire l'ascension du mont Valier le lendemain par exemple.

Suivre le sentier GR® qui monte par Riberot jusqu'au refuge des Estagnous (on passe par la cascade de Nérech, 1 350 m, la cabane de Caussis, 1 859 m...). Du refuge, descendre jusqu'au déversoir des Estagnous et traverser le ruisseau. Suivre les cairns à gauche (sentier) jusqu'au départ de la 1ʳᵉ partie (panneau). On démarre en traversée avant de descendre un peu sur la gauche, fin de la 1ʳᵉ partie. Puis on remonte 50 m jusqu'à un petit col, d'où part à gauche la 2ᵉ partie de la via, en traversée toujours, qui finit en plongeant sur l'étang Long.

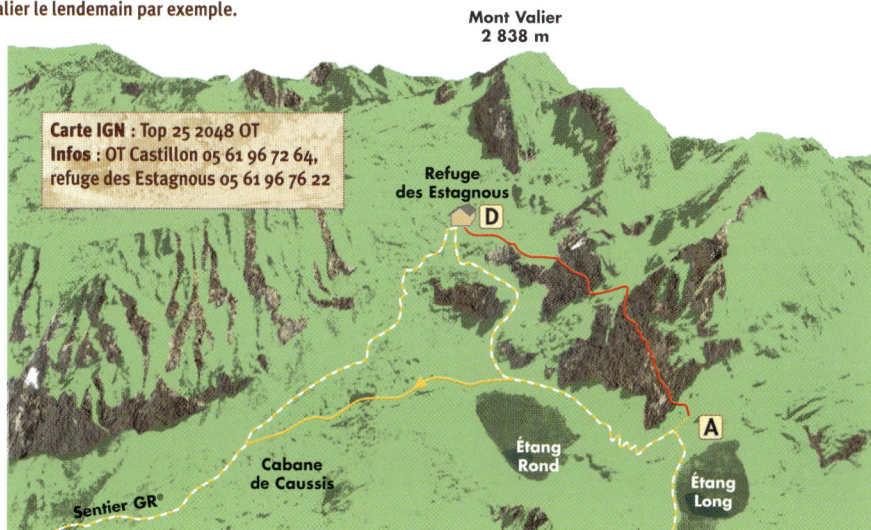

Mont Valier
2 838 m

Carte IGN : Top 25 2048 OT
Infos : OT Castillon 05 61 96 72 64, refuge des Estagnous 05 61 96 76 22

Refuge des Estagnous D

Cabane de Caussis

Étang Rond

A

Étang Long

Sentier GR®

AD | 70 | 125 | 2200 | 0h20 | 1h00 | 0h15 | N-E

Cette sympathique via ferrata est certes courte, à peine plus de 120 m de développé pour 70 m de haut, mais elle remonte une paroi raide, presque verticale. Cependant, la présence de moult barreaux (un tous les 30 cm !) met cet itinéraire à la portée du plus grand nombre.

La via remonte dans sa 1re partie un pilier raide assez vertical. Ensuite, continuer par une traversée à gauche sur une corniche entre deux surplombs, qui constitue le passage délicat. Sortir au sommet directement par un passage aérien mais plus facile.

Accès : Encamp se situe avant Andorra-la-Vella en venant de France et du Pas de la Casa. Dans le village d'Encamp, prendre la route à gauche qui mène aux « Cortals d'Encamp », 1 850 m. Après 8 km environ, on arrive à un parking à droite avant le croisement avec la rivière (Riu de Devesa). Traverser le camp d'activités de Cortals Aventura (mur d'escalade, etc.), et suivre la piste au-dessus jusqu'à trouver des marques jaunes. Les suivre pour atteindre le pied de la ferrata.
Retour : suivre à gauche le sentier qui descend non loin de la paroi. Puis évident jusqu'au parking.

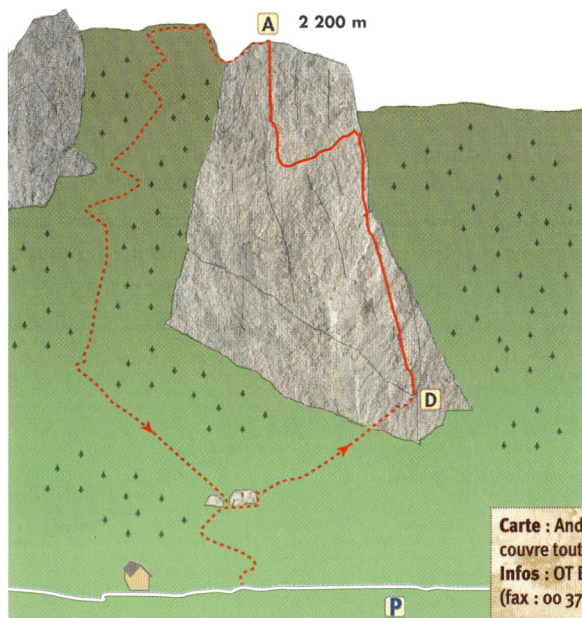

A 2 200 m

D

P

Carte : Andorra Mapa Topographica au 1/25000°, couvre toute l'Andorre. En vente dans les OT
Infos : OT Encamp, 00 37 6 731 000 (fax : 00 37 6 831 878)

Nouvelles via ferrata en Andorre
• *Une nouvelle via ferrata existe au-dessus de Sant Julia de Loria, sur El Possal Grand Aixovall. Abordable et assez courte, elle offre la possibilité d'une variante athlétique (D+) plus difficile que la via originale (AD+).*

AD⁺ | 70 | 160 | 0h05 | 0h30 | 0h10

• *Une autre via ferrata existe dans le Vall del Madriu, au départ de Engolasters.*
Itinéraire d'envergure et court d'accès, sur le beau granit local.

AD⁺ | 250 | 530 | 0h10 | 2h00 | 1h30

Au-dessus du village de Canillo se dresse une muraille calcaire et triangulaire de 300 m de haut que gravit sans hésiter un itinéraire justement baptisé « la Directissime ». Par cette via ferrata, on atteint le Mirador du Roc del Quer, moins élevé que les autres via d'Andorre à « seulement » 1930m d'altitude.

Il existe en fait deux itinéraires distincts : la via ferrata du Couloir (Canal de Mora, PD), facile mais moins intéressante que la Directissima, décrite ici, située en aval de la via du Couloir.

Démarrer par un ressaut vertical de 25 m. Une succession de ressauts raides sur 60 m mène à une vire herbeuse, puis à des passages faciles. Continuer par une traversée sur la gauche par des vires, puis à nouveau par des passages aériens. Par un nouveau ressaut très raide de 25 m, on arrive au pied de la dernière partie, d'apparence surplombante. Démarrer par une traversée ascendante, puis l'itinéraire louvoie entre les surplombs. Une traversée très aérienne permet d'arriver au-dessus de ceux-ci. Un dernier ressaut raide (droit au-dessus de la route, 250 m plus bas...) conduit à la dernière partie, sans difficultés, puis au sommet du Mirador du Roc del Quer.

Accès : du Pas de la Casa se rendre à Canillo, 1531 m. De là, prendre à droite la route du Col d'Ordino, et se garer au pied de la paroi qui domine le village. Le parking étant très étroit, on peut laisser sa voiture à Canillo (15 minutes de marche).
Retour : du Mirador, prendre à droite au panneau « Canillo » un sentier équipé de quelques cordes qui descend à travers la forêt. On atteint un alpage à hauteur du Canal de Mora, puis prendre l'arête à droite (petits ressauts rocheux) et suivre les cairns jusqu'à la route (corde) vers 1 630 m.

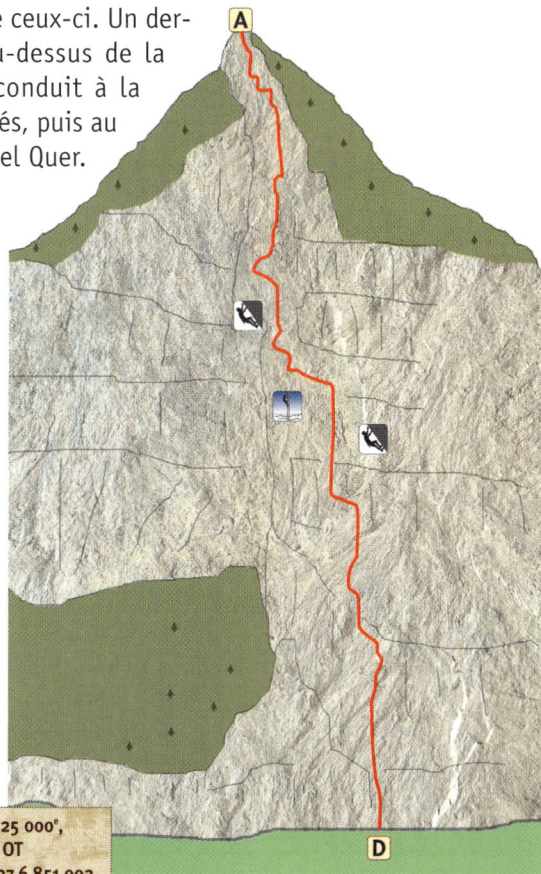

Carte : Andorra Mapa Topographica au 1/25 000e, couvre toute l'Andorre. En vente dans les OT
Infos : bureau des Guides de Canillo, 00 37 6 851 002

D	250	325	2664
1h00	2h00	1h00	N-E

Le pic Bony d'Envalira est un superbe sommet dominant les alentours, d'où la vue s'étend au nord sur le Pas de la Casa, à l'est sur la station de Puymorens, et à l'ouest sur les nombreux lacs du cirque des Pessons. Un itinéraire magnifique, aux passages aériens parfois athlétiques (mais bien équipés), permet d'atteindre cette pyramide de beau granit, bien visible depuis la station du Grau Roig. Attention, il s'agit d'un itinéraire d'altitude, l'un des plus élevés décrits dans ce guide, à près de 2 700 m : prévoir donc équipement et forme physique adéquats, et garder un œil sur la météo.

Démarrer par un beau dièdre d'aspect lisse, puis continuer en franchissant des ressauts raides. Les échelons étant parfois espacés dans cette section, il faut penser à utiliser les prises naturelles du rocher pour poser les pieds. Une fois sur le fil de l'éperon, on bascule versant est, avant de redescendre quelques mètres versant ouest, pour arriver à la base du bastion terminal. Légèrement déversant, ce passage aérien est plus impressionnant que difficile. L'équipement plus abondant permet de franchir cette zone un peu athlétique. Une traversée versant est et des rochers brisés mènent au sommet, 2 664 m.

Accès : du Pas de la Casa aller au Port d'Envalira. Prendre la première route à gauche et se garer à la station d'El Grau Roig, à 2 140 m. De la station, prendre la piste la plus à droite des téléskis qui montent à la crête d'Envalira. Après la forêt, on atteint un replat, panneau « via ferrata ». Ensuite, suivre le balisage : par des éboulis, on atteint le pied du 1er éperon rocheux du pic Bony ; une traversée à gauche dans un couloir permet d'arriver à la base du 2e éperon et le départ de la via, un peu plus haut que le point le plus bas.

Retour : du sommet descendre sur la gauche direction sud-est sur la Collada d'Engalt par des pentes herbeuses raides (balisage via ferrata). On retrouve le GR® 7 qui descend jusqu'à la station du Grau Roig.

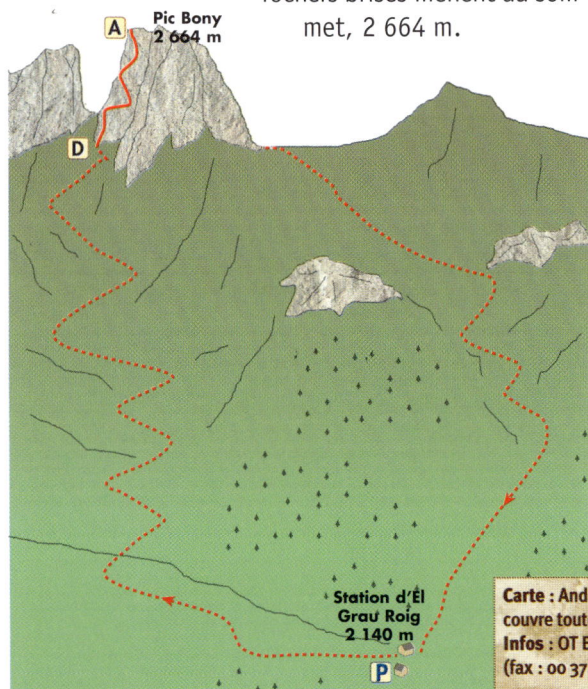

Pic Bony
2 664 m

A

D

Station d'El
Grau Roig
2 140 m

P

Carte : Andorra Mapa Topographica au 1/25000e, couvre toute l'Andorre. En vente dans les OT
Infos : OT Encamp, 00 37 6 731 000 (fax : 00 37 6 831 878)

La via ferrata de Chisa, dans la vallée du Travo, se déroule sur des grandes dalles de granit rouge-orange. La partie supérieure de la via passe au milieu des tafoni, des gros trous percés dans le rocher, absolument superbe, exceptionnelle. L'ambiance sauvage du maquis corse y est aussi pour quelque chose.

| D | | 240 | 400 | 686 |
| 0h20 | 3h30 | 0h20 ou 0h05 | O-N-O |

Accès : de Bastia ou de Porto-Vecchio, suivre la N 198 qui longe la côte orientale. Au village de Travo, quitter la route nationale et pénétrer à l'intérieur des terres par la D 645. La poursuivre jusqu'à son terme, le village de Chisa. Se garer au gîte d'étape et suivre le fléchage jusqu'au départ de l'itinéraire.
Retour : par un sentier évident.

La via ferrata se situe dans la face ouest de la punta di U Calancone (au nord-est du village) qui culmine à 686 m d'altitude. L'itinéraire démarre par un premier pont de singe, avant de s'élever par des passages aériens et surplombants. Dans le haut, on grimpe parmi les tafoni, ces gros trous dans le rocher qui étaient jusque-là l'apanage des grimpeurs. Quatre tyroliennes (70, 85, 100 et 230 m) agrémentent le parcours, voire raccourcissent le retour (consignes à respecter, poulies spécifiques obligatoires, location sur place).

Carte IGN : Top 25 4253 ET
Infos : mairie 04 95 57 31 11

Via ferrata des Vigneaux.

Les via sont classées selon leur commune et dans l'ordre alphabétique.

Commune	N° • Via
Aillons (les)	42 • L'école de Rossane
Alpe d'Huez	51 • La Découverte
Alpe d'Huez	52 • La Sportive
Alpe-du-Grand-Serre	50 • Via de la Cascade
Argentière-la-Bessée (l')	70 • L'Horloge
Arvieux	72 • Pra Premier
Arvieux	73 • Crêtes de Combe-la-Roche
Auron	86 • La Traditionnelle
Aussois	22 à 28 • Via du Diable
Avoriaz	2 • Le Saix-du-Tour
Beaufort	11 • Le roc du Vent
Bessans	29/30 • les via d'Andagne
Briançon	63 • La croix de Toulouse
Brigue (la)	89 • Via de la Ciappea
Caire (le)	84 • La Grande Fistoire
Canillo	111 • Via du roc del Quer
Castillon	109 • Via ferrata des Estagnous
Chamonix	4 • Balcons de la mer de Glace
Champagny-en-Vanoise	15/16 • Via du Plan-du-Bouc
Champagny-en-Vanoise	17 • Via des Grosses Pierres
Chamrousse	48/49 • Via de Chamrousse
Chapelle d'Abondance (la)	1 • Via des Saix de Miolène
Château-Queyras	74 • Château-Queyras
Chisa	113 • Via ferrata de Chisa
Clarée	64 • Degli Alpini
Clusaz (la)	5 • Via Yves Pollet Villard
Colmiane (la)	87 • Baus de la Frema
Corps	55 • Les Tunnels
Corps	55 • Le Grand Frisson
Courchevel	18 • Le lac de la Rosière
Courchevel	19 • La croix des Verdons
Crolles	46 • La vire des Lavandières
Crolles	47 • Le Grand Dièdre
Deux-Alpes	53 • Les Perrons
Die (col du Rousset)	81 • Chironne
EnCamp	110 • Via Els Cortals d'Encamp
Envalira	112 • Pic Bony d'Envalira
Faurie (la)	79 • Gorges d'Agnielles
Freissinières	71 • La Grande Falaise
Gourette	106 • Via ferrata de Siala
Grand Bornand (le)	6 • La Tour de Jalouvre
Grave (la)	56 • Les mines du Grand Clot
Grenoble	44/45 • Prises de la Bastille
Lanslevillard	21 • Via ferrata du Pichet
Lantosque	85 • Via des canyons de Lantosque
Lascelle	96 • Via du Lac des Graves
Léaz	100 • Fort l'Écluse
Lignerolles	93 • Gorges du Haut-Cher
Llo	108 • Les Escardilles
Luc-en-Diois	82 • Le Claps
Lus-la-Croix-Haute	80 • La Berche
Luz-Saint-Sauveur	107 • La via du pont Napoléon
Millau	104/105 • Via ferrata du Boffi
Morez	98 • Roche du Dade
Motte Chalançon	83 • Le Pas de l'Échelle
Nans-sous-Sainte-Anne	102 • Via du Verneau
Ornans	101 • La Roche du Mont
Orres (les)	75 • La Marcelinas
Orres (les)	76 • La Cascade
Peille	90 • L'Escale
Peisey-Nancroix	14 • Les Bettières
Planfoy	94 • La via de Planfoy
Pontamafrey	34 • La Passerelle
Pontamafrey	35 • Le Bastion
Pralognan-la-Vanoise	20 • La cascade de la Fraîche
Puget-Théniers	91 • Demoiselles du Castagnet
Puy-Saint-Vincent	68 • Tournoux
Puy-Saint-Vincent	69 • Le torrent de la Combe
Roubion	92 • Via ferrata Balma Negra
St-Christophe-en-Oisans	54 • La via de Saint-Christophe
St-Colomban-des-Villards	39 • La Chal
St-Colomban-des-Villards	38 • Rocher Capaillan
St-Étienne-en-Dévoluy	77 • La traversée des Beaumes
St-Étienne-en-Dévoluy	78 • La Super Vertigo
St-Jean-d'Arvey	40/41 • La Jules Carret
St-Julien Chapteuil	95 • Via du Puy des Juscles
St-Julien-en-Genevois	8 • Via Jacques Revacliez
St-Michel-de-Maurienne	36 • Le fort du Télégraphe
St-Pierre d'Entremont	43 • Via de Roche Veyrand
St-Sorlin-d'Arves	37 • Comborsière
Ste-Geneviève-sur-Argence	103 • Bois des Baltuergues
Serre-Chevalier	58 • L'aiguillette du Lauzet
Serre-Chevalier	59 • Le rocher de l'Yret
Serre-Chevalier	60 • Le rocher du Bez
Serre-Chevalier	61/62 • Le rocher Blanc
Sixt	3 • La via du Mont
Tenay	99 • Via de la Guinguette
Tende	88 • Les Comtes Lascaris
Thônes	7 • La roche à l'Agathe
Thueyts	97 • Le pont du Diable
Ugine	9 • Le pas de l'Ours
Ugine	10 • Le golet de la Trouye
Val d'Isère	12 • Le roc de Tovière
Val d'Isère	13 • Les Plates de la Daille
Valloire	31 • Poingt Ravier
Valloire	32 • Le rocher Saint-Pierre 1
Valloire	33 • Le rocher Saint-Pierre 2
Vigneaux (les)	65 • Le Colombier
Vigneaux (les)	66 • La Balme
Vigneaux (les)	67 • Les gorges de la Durance
Villar d'Arène	57 • Arsine

Classement par difficulté

Les via sont classées selon leur niveau de difficulté de F à ED.

F

38 • Rocher Capaillan
60 • Le rocher du Bez
64 • Degli Alpini
69 • Le Torrent de la Combe
85 • Canyons de Lantosque
86 • La Traditionnelle
95 • Puy des Juscles

PD

9 • Le pas de l'Ours
10 • Le golet de la Trouye
12 • Le Roc de Tovière
15 • Via ferrata du Plan-du-Bouc
18 • Le lac de la Rosière
27 • Les Angelots
28 • Les Diablotins
29/30 • Les via ferrata d'Andagne
31 • Poingt Ravier
42 • L'école de Rossane
50 • Via de la Cascade
55 • Les Tunnels
58 • L'aiguillette du Lauzet
59 • Le rocher de l'Yret
61/62 • Le rocher Blanc
63 • La croix de Toulouse
65 • Le Colombier
67 • Les gorges de la Durance
70 • L'Horloge
74 • Château-Queyras
77 • La traversée des Beaumes
93 • Les Gorges du Haut-Cher
96 • Lac des Graves
104 • Les via ferrata du Boffi

AD

1 • Via des Saix de Miolène
3 • La via du Mont
5 • Via ferrata d'Arsine
11 • Le roc du Vent
14 • Les Bettières
16 • Via ferrata du Plan-du-Bouc
21 • Via ferrata du Pichet
37 • Comborsière
33 • Le rocher Saint-Pierre 2
43 • Roche Veyrand
44 • Les Prises de la Bastille
48 • Lacs Robert
49 • Le rocher des 3 Fontaines
51 • La Découverte
68 • Tournoux
72 • Pra Premier
73 • Crêtes de Combe-la-Roche
75 • La Marcelinas
79 • Gorges d'Agnielles
80 • La Berche
82 • Le Claps
85 • Canyons de Lantosque
86 • La Traditionnelle
92 • Via ferrata Balma Negra
94 • La via de Planfoy
95 • Puy des Juscles
97 • Le Pont du Diable
98 • La Roche du Dade
100 • Fort l'Écluse
101 • Roche du Mont
102 • Les via ferrata du Verneau
103 • Bois des Baltuergues
108 • Les Escardilles
109 • Via ferrata des Estagnous
110 • Via Els Cortals d'Encamp

Classement par difficulté

D

- 2 • Le Saix-du-Tour
- 4 • Les balcons de la mer de Glace
- 5 • Via Yves Pollet Villard
- 6 • La tour du Jalouvre
- 8 • Via ferrata Jacques Revacliez
- 7 • La roche à l'Agathe
- 12 • Le roc de Tovière
- 13 • Les Plates de la Daille
- 14 • Les Bettières
- 20 • La cascade de la Fraîche
- 19 • La croix des Verdons
- 22 • Le Chemin de la Vierge
- 23 • La Traversée des Anges
- 24 • La Montée au Ciel
- 25 • La Descente aux Enfers
- 25 • La Montée au Purgatoire
- 29 • Les via ferrata d'Andagne
- 34 • La Passerelle
- 36 • Le fort du Télégraphe
- 39 • La Chal
- 40 • Le P'tchi (Jules Carret)
- 46 • La vire des Lavandières
- 52 • La Sportive
- 53 • Les Perrons
- 54 • La via de Saint-Christophe
- 55 • Le Grand Frisson
- 56 • Les mines du Grand Clot
- 61 • Le rocher Blanc
- 66 • La Balme
- 67 • Les gorges de la Durance
- 71 • La Grande Falaise
- 78 • La Super Vertigo
- 83 • Le Pas de l'Échelle
- 84 • La Grande Fistoire
- 85 • Canyons de Lantosque
- 86 • La Traditionnelle
- 87 • Le Baus de la Frema
- 88 • Les Comtes Lascaris
- 89 • Via ferrata de la Ciappea
- 91 • Les Demoiselles du Castagnet
- 96 • Lac des Graves
- 99 • Via ferrata de la Guinguette
- 103 • Bois des Baltuergues
- 105 • Les via ferrata du Boffi
- 106 • Via ferrata de Siala
- 107 • La via du pont Napoléon
- 108 • Les Escardilles
- 109 • Via ferrata des Estagnous
- 112 • Via ferrata du pic Bony d'Envalira
- 111 • Via ferrata du roc del Quer
- 113 • Via ferrata de Chisa

TD

- 1 • Via des Saix de Miolène
- 26 • Les Rois Mages
- 32 • Le Rocher Saint-Pierre 1
- 35 • Le Bastion
- 43 • Roche Veyrand
- 45 • Les Prises de la Bastille
- 67 • Les gorges de la Durance
- 76 • La Cascade (Les Orres)
- 81 • Chironne
- 86 • La Traditionnelle
- 87 • Le Baus de la Frema
- 90 • L'Escale
- 101 • Roche du Mont
- 106 • Via ferrata de Siala

ED

- 7 • La roche à l'Agathe
- 12 • Le roc de Tovière
- 17 • Les Grosses Pierres
- 41 • La grotte à Carret
- 47 • Le Grand Dièdre

Passionné de montagne et de voyage, **Jocelyn Chavy** est un journaliste et photographe qui parcourt les massifs des Alpes à l'Himalaya, des Dolomites au Yosemite. Alpiniste, grimpeur, il a été reporter à *Montagnes Magazine*, et a travaillé pour de nombreuses revues spécialisées (*Alpes Loisirs, Vertical, Grimper, Klettern...*). Actuellement, il collabore à la revue *Trek Magazine*.

Remerciements à :

Robert Berger de Prisme SA à Saint-Jean-de-Maurienne et les guides locaux pour leurs informations.

Partenaires

Petzl : matériel d'escalade et d'équipement

Salewa : vêtements techniques